Macarons
leicht gemacht

Mercotte

Macarons
leicht gemacht

Fotos Sigrid Verbert

AT Verlag

• Der Schwierigkeitsgrad der Rezepte ist an der Anzahl
•• der Punkte oben auf der jeweiligen Seite erkennbar:
••• von einem Punkt (einfach) bis drei Punkte (schwierig).

Inhalt

Einführung

Der Weg zu gelungenen Macarons kann voller Hindernisse sein. Sie bestaunen die wunderbaren Macarons von Pierre Hermé, von Ladurée und anderen berühmten Pâtissiers und Konditoren, wagen die ersten eigenen Versuche und geben vielleicht bald entmutigt auf … Das muss nicht sein.

Genau wie Sie bin auch ich kein Profi, sondern eine etwas perfektionistische Liebhaberin dieser kleinen Wunderwerke. Ich lade Sie ein, mir Schritt für Schritt bei deren Herstellung zu folgen und von meiner Erfahrung zu profitieren.

Manche haben Glück, und ihre Macarons gelingen ihnen sofort. Gratuliere, und ändern Sie absolut nichts an Ihrem Rezept! Ich gehöre nicht zu diesen Glücklichen, was aber wiederum in gewisser Weise für Sie ermutigend ist, denn es zeigt, dass man mit etwas Ausdauer Erfolg hat. Ich bin davon überzeugt, dass jeder und jede Macarons herstellen kann, wobei es allerdings etwas Übung braucht. Außerdem bedarf es ein paar weiterer Dinge: sehr gute Rohmaterialien, eine gute Küchenausstattung, die richtigen Handgriffe, einige Tricks und vor allem Genauigkeit und gute Organisation. Ganz wichtig ist, den eigenen Backofen gut zu kennen. Egal ob Elektro- oder Gasbackofen, herkömmliche Ober-/Unterhitze oder Umluft, Sie müssen sich auf ein paar Testläufe gefasst machen und vielleicht mehrmals ausprobieren, bis sie die richtige Temperatur und die optimale Backzeit herausfinden. Das ist oft einer der Knackpunkte.

Eine wegweisende Erfahrung war für mich einer meiner ersten Kurse in Tain l'Hermitage bei Valrhona. Dank der Kompetenz, den Ratschlägen und dem klugen didaktischen Ansatz von Julie Haubourdin, die mit meisterlicher Hand und stets mit einem Lächeln die Gourmetkurse der von Frédéric Bau gegründeten »Ecole du Grand Chocolat« leitet, sind Macarons eine für alle machbare Leckerei geworden. Im Laufe der Zeit haben sich Rezept und Herstellungsweise weiterentwickelt.

In diesem Buch finden Sie die Interpretationen einer eifrigen Schülerin – meine Version der absolut gelingsicheren Herstellung von Macarons und meine Variationen zum Thema.

Mercotte

Für meinen Enkel Alexis, der mit sieben Jahren bereits Macarons herstellen kann und sie auch gerne vernascht.

Die wichtigsten Küchenutensilien

Dies sind nach meiner Erfahrung die wichtigsten Utensilien, die zum Gelingen der Macarons beitragen. Sie benötigen nicht unbedingt alle. Schaffen Sie sich das notwendige Zubehör nach und nach an.

Für den Eischnee

Ein einfacher Schneebesen für die ganz Mutigen, sonst elektrisches Handrührgerät oder am besten Küchenmaschine.

Für Mehl, gemahlene Mandeln und Nüsse

Ein feines Sieb oder Mehlsieb oder am besten und zeitsparendsten ein Mixer oder Cutter.

Für Italienische Meringue

Ein Backthermometer mit Sonde oder ein Zuckerthermometer.

Zum Wiegen

Je genauer Sie abwiegen, desto zuverlässiger das Ergebnis. Die Waage sollte mindestens aufs Gramm genau wiegen. Am besten ist eine digitale Präzisionswaage. Der Einfachheit halber wiege ich auch Flüssigkeiten wie Rahm (Sahne), Wasser, Öl usw. meistens mit der Waage ab.

Zum Dressieren

– *Spritzbeutel:* Einweg-Spritzbeutel sind sehr praktisch, aber waschbare Spritzbeutel eignen sich ebenso. Verwenden Sie immer große Spritzbeutel, sodass Sie die ganze Masse auf einmal einfüllen können.

– *Spritztüllen:* Für die Macarons eine glatte Tülle von 8 oder 10 mm Durchmesser, aus Edelstahl oder Plastik. Für Ganache eine glatte oder gezackte Tülle von 6 mm Durchmesser.

– *Bleche:* Sie benötigen mindestens zwei Bleche. Eines, das im Ofen erhitzt wird, und ein zweites, auf das die Macarons dressiert werden. Natürlich können zum gleichzeitigen Backen auch mehrere Bleche verwendet werden. Ich verwende zum Dressieren gerne gelochte Bleche, denn nach meiner Erfahrung lassen sie die Hitze besser durch und erleichtern die Bildung eines »Füßchens« (damit sind die leicht schrumpeligen Ränder an der Basis der Macaronhalbschalen gemeint).

– *Backpapier:* Am besten verwenden Sie Silikonpapier oder Backpapier. Damit erziele ich bessere Ergebnisse als mit Silikon-Backmatten: Die Unterseite der Macarons wird sehr glatt, haftet nicht an und löst sich nach dem Backen von allein vom Papier. Bei Pergamentpapier kleben sie eher fest; außerdem muss es nach dem Backen angefeuchtet werden, damit sich die Macarons leichter vom Blech lösen.

– *Silikonmatten:* Für Macarons nach meiner Erfahrung weniger gut geeignet, da dann die Unterseite nicht so gut bäckt. In Profi-Backöfen werden mit Silikonmatten allerdings hervorragende Ergebnisse erzielt. Am besten probieren Sie es selbst aus.

– *Backzeit:* Egal ob Gas- oder Elektrobackofen, wichtig ist, dass Sie ihn sehr gut kennen und beherrschen. Ideal ist ein Elektrobackofen mit Umluft, denn er backt sehr gleichmäßig. Mit anderen Backöfen oder mit statischer Hitze (Unter-/Oberhitze) müssen die Bleche im Laufe der Backzeit eventuell umgedreht werden.

Für die Herstellung allgemein

– *Kleine Behälter* zum Abwiegen und Aufbewahren der Eiweiße (z. B. Joghurtbecher oder andere Gefäße mit Deckel).
– *Eine Schlag- oder Rührschüssel* für Mehl, gemahlene Mandeln und Nüsse.
– *Ein Teigschaber:* Ein guter Teigschaber aus Silikon, mit oder ohne Stiel.
– *Ein Gefäß zum Abstellen des Spritzbeutels und eine Wäscheklammer* für Anfänger. Mit der Wäscheklammer verschließen Sie den Spritzbeutel. Um den Spritzbeutel leichter befüllen zu können, stellen Sie ihn in ein hohes, schmales Gefäß.
– *Für die Füllungen:* Stabmixer oder Pürierstab zum Glattrühren von Cremen und Ganache.

Für sämtliche Macaron-Rezepte in diesem Buch brauchen Sie:

– 2 oder 4 Backbleche
– Mixer oder Cutter mit Mixermesser und/oder ein feines Mehlsieb
– Küchenmaschine oder elektrisches Handrührgerät
– Grammgenaue Waage
– Große Spritzbeutel mit glatter Tülle von 8–10 mm Durchmesser für die Macarons und 6–8 mm für die Füllung
– Teigschaber

A   Schneebesenansatz der Küchenmaschine
B   Mixermesser
C   Flachrührer
D   Teigschaber
E   Schneebesen

F   Mehlsieb
G   Gelochtes Blech
H   Glatte und gezackte Spritztüllen
I   Backpapier
J   Spritzbeutel mit Tülle

K   Backthermometer mit Sonde
L   Grammgenaue Waage
M   Feinwaage (auf 0,01 Gramm genau)

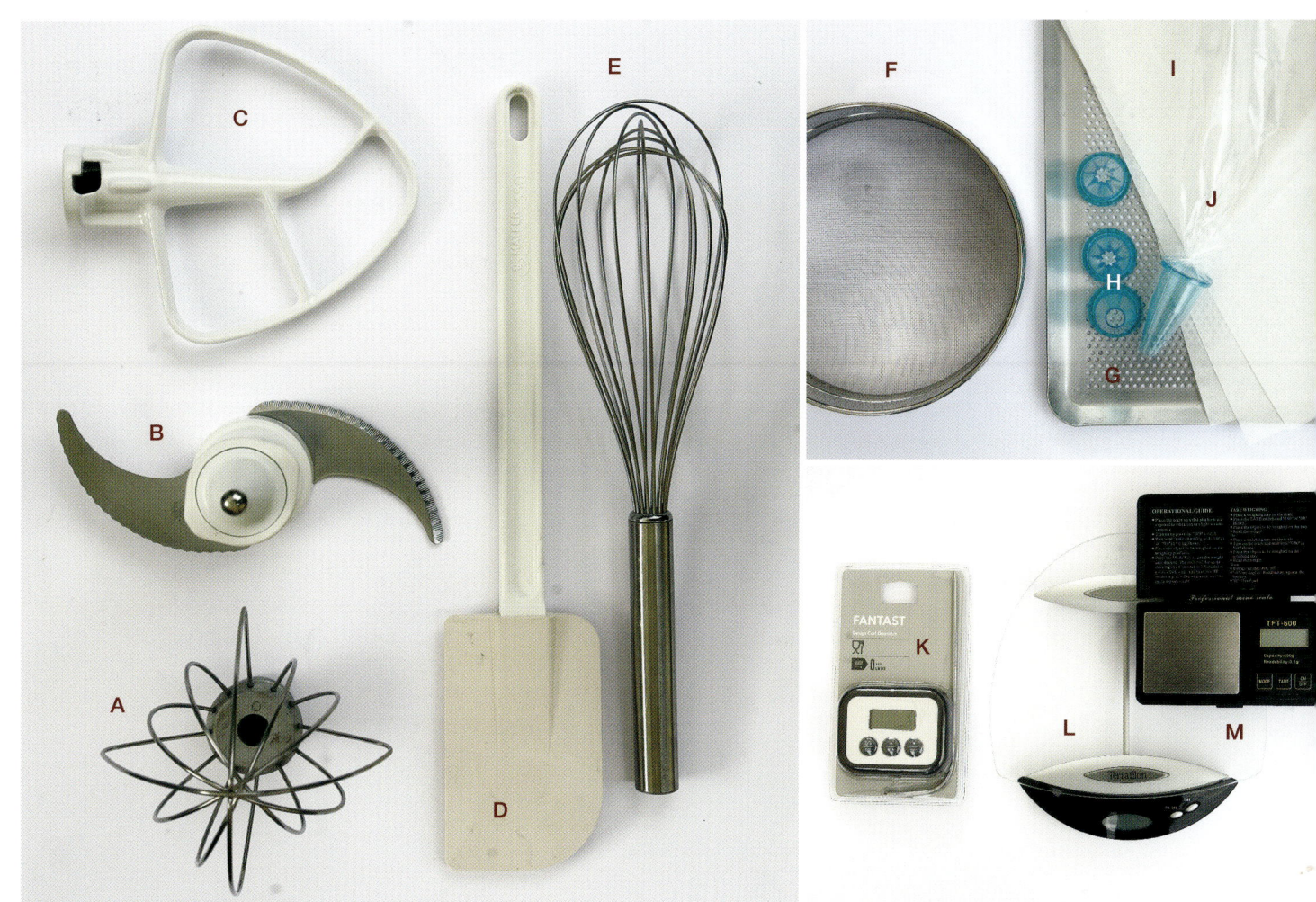

Die Grundzutaten

Gute Ausgangsprodukte sind wichtig für das Gelingen der Macarons!

Kristallzucker: Zur Herstellung des Eischnees und des Zuckersirups für das Rezept mit Italienischer Meringue verwendet. Bevorzugen Sie feinkörnigen Zucker, zum Beispiel feinsten Backzucker. Er löst sich leichter auf, und die Macarons werden glatter.

Puderzucker: Eine unentbehrliche Zutat für die Puderzucker-Mandel-Mischung. Puderzucker und gemahlene Mandeln werden zusammen gemixt und/oder fein gesiebt. Oft enthält Puderzucker Stärke, um ein Verklumpen zu verhindern. Der übliche im Handel erhältliche Puderzucker eignet sich perfekt. Mit reinem Puderzucker ohne oder mit weniger Stärke werden die Macarons glänzender. Der Puderzucker sollte möglichst weniger als 3 Prozent Stärke enthalten.

Gemahlene Mandeln: Klassisch ist die Verwendung von gemahlenen Mandeln, es können aber auch gemahlene Haselnüsse, Walnüsse oder Erdnüsse verwendet werden. Die Qualität ist sehr wichtig, am besten ist nicht zu fettes, helles, fein gemahlenes Pulver unbedingt immer aus geschälten Mandeln! Ideal ist es, die gemahlenen Mandeln bei 150 Grad im Backofen 10 Minuten zu rösten; dadurch werden sie trockener, der Geschmack wird verstärkt und überschüssiges Fett absorbiert.

Lebensmittelfarbe: Verwenden Sie vorzugsweise Lebensmittelfarbe in Form von Pulver oder Paste. Für weiße Macarons wird der Puderzucker-Mandel-Mischung 1 Teelöffel Titandioxid zugefügt. Sie finden es im Internet oder in Spezialgeschäften. Flüssige Lebensmittelfarbe verändert die Konsistenz des Teiges, die Farben wirken stumpfer. Vermeiden Sie möglichst Lebensmittelfarben aus dem Supermarkt. Auch sollten keine fetthaltigen Lebensmittelfarben verwendet werden, der Eischnee könnte sonst zusammenfallen.

Eiweiß: Für die Macaronherstellung empfiehlt es sich, Eiweiß zu verwenden, das bereits drei oder vier Tage oder bis zu einer Woche zuvor vom Eigelb getrennt und in einem luftdicht verschlossenen Behälter im Kühlschrank aufbewahrt wurde. Das Eiweiß am Vorabend aus dem Kühlschrank nehmen, damit es Raumtemperatur annimmt.

Trockeneiweiß: Wird in kleinen Mengen beim Schlagen des Eischnees dem Zucker zugefügt, um dem Eischnee mehr Struktur zu geben. Im normalen Haushalt ist es nicht erforderlich.

Kakaopulver: Verwenden Sie reines, qualitativ hochwertiges Kakaopulver ohne Zuckerzusatz.

Pistazienpaste: Sie können diese Paste selbst herstellen (siehe Rezept Seite 29) oder im Fachgeschäft kaufen. Pistazienpaste kann auch eingefroren werden.

Schwarze Sesampaste und Azukipaste (süße rote Bohnenpaste): Beides ist in japanischen oder asiatischen Lebensmittelgeschäften oder über den Online-Handel zu beziehen.

Ätherische Öle oder Aromen für die Füllungen: Sie sind mit Vorsicht zu dosieren. Es gibt zahlreiche Varianten von Aromen, die originelle Kombinationen ermöglichen.

Fruchtmark: Selbstverständlich können Sie, je nach Jahreszeit, Mark von frischen Früchten verwenden; außerhalb der Saison eignet sich auch pasteurisiertes oder tiefgefrorenes Fruchtmark.

Knusperperlen: Gepoppte, geröstete Getreidekörner, die mit Schokolade überzogen sind.

Schokolade: Für meine Rezepte verwende ich die Produkte von Valrhona, die ich sehr schätze und die ich am besten kenne. Sollten Sie sich diese Produkte nicht besorgen können, dann verwenden Sie Schokolade mit demselben Kakaogehalt. Bevorzugen Sie Kuvertüre. Bei der weißen Schokolade hat die Sorte »Ivoire« den großen Vorteil, dass sie sehr wenig Zucker enthält und eine gute Grundtextur liefert. Die Verwendung von weißer Schokolade mag in manchen Rezepten überraschen, sie spielt aber in erster Linie eine Rolle als Konsistenzgeber. Statt der Sorte »Ivoire« können Sie eine andere möglichst neutrale, wenig gesüßte weiße Schokolade verwenden.

Kakaogehalt der Schokoladen von Valrhona, die in den Rezepten verwendet wurden:

Ivoire	= weiße Schokolade mit 35 % Kakaogehalt
Jivara lacté	= Milchschokolade mit 40 % Kakaogehalt
Manjari	= dunkle Schokolade mit 64 % Kakaogehalt
Guanaja	= dunkle Schokolade mit 70 % Kakaogehalt
Araguani	= dunkle Schokolade mit 72 % Kakaogehalt

Die wichtigsten Tipps und Tricks

Gelagertes Eiweiß verwenden

Die Eier sollten unbedingt bereits mehrere Tage vor dem Backen in Eiweiß und Eigelbe getrennt werden. Wenn Sie dies mehr als eine Woche vor dem Backen tun, können Sie die Eiweiße einfrieren. Sie müssen dann 48 Stunden vor der Verwendung im Kühlschrank aufgetaut werden. Bei roh genossenen Desserts wie zum Beispiel Schokoladenmousse gilt natürlich die Regel, dass das Eiweiß ganz frisch sein muss und erst unmittelbar zuvor vom Eigelb getrennt wurde. Für Meringue, Macarons und anderes Gebäck ist es aber besser, Eiweiß zu verwenden, das bereits einige Tage vom Eigelb getrennt ist. Zu frisches Eiweiß lässt sich zunächst gut zu Schnee aufschlagen, wird dann aber schnell körnig und fällt in sich zusammen. Frisches Eiweiß ist sehr empfindlich und fällt vor allem beim Backen zusammen. Eiweiß, das einige Tage im Kühlschrank oder sogar im Gefrierschrank aufbewahrt wurde, ist flüssiger, bleibt glatt und läuft beim Backen nicht auseinander. (Quelle: Pierre Hermé)
Das Eiweiß darf auf keinen Fall mit Fett oder Eigelb verunreinigt sein; auch Schüssel und Schneebesen müssen immer vollkommen sauber und fettfrei sein.

Mandeln rösten

Es empfiehlt sich, die gemahlenen geschälten Mandeln sofort nach dem Kauf bei 150 Grad im Backofen 10–12 Minuten zu rösten. Dann abkühlen lassen und in luftdicht verschlossenen Dosen aufbewahren. So gewinnen Sie wertvolle Zeit.

Gut vorbereitet ist halb gebacken

– Es ist zwar nicht zwingend, erleichtert aber die Arbeit, wenn Sie die Zutaten bereits am Vortag abwiegen. Und nicht vergessen, das Eiweiß aus dem Kühlschrank zu nehmen und bei Raumtemperatur aufzubewahren. Das trägt zum sicheren Gelingen bei.
– Im Voraus einige Blätter Silikon- oder Backpapier in der Größe der Bleche zurechtschneiden.
– Sollte Ihnen das Aufspritzen des Teigs mit dem Spritzbeutel Probleme bereiten, zeichnen Sie auf eine Vorlage in regelmäßigen Abständen versetzt Kreise von 2 oder 3 cm Durchmesser; diese Vorlage schieben Sie dann unter das Silikon- oder Backpapier.
– Macarons mögen keine Ungenauigkeiten. Alle Zutaten müssen ganz präzise abgewogen werden.
– Das Grundrezept für die Macarons kann abgewandelt werden, indem die gemahlenen Mandeln ganz oder teilweise durch gemahlene Haselnüsse, Pistazien oder Erdnüsse ersetzt werden, die genau wie die Mandeln zuvor geröstet werden.
– Wichtig ist, dass die Puderzucker-Mandel-Mischung sehr fein ist. Daher beides zusammen am besten im Mixer oder Cutter nochmals fein mixen und anschließend durch ein feines Mehlsieb passieren.

Herstellung

– Einen Tropfen Zitronensaft oder eine Prise Salz beim Schlagen des Eischnees hinzuzufügen, ist zwar nicht obligatorisch, verleiht aber Sicherheit.
– Statt Zitronensaft kann man ebenso Weinstein verwenden. Sie können auch ein Gramm Eiweißpulver

unter den Zucker mischen; dies verhindert, dass der Eischnee körnig wird.

– Das Eiweiß sehr langsam aufschlagen: Mit geringer Geschwindigkeit beginnen und, sobald das Eiweiß schaumig ist, den Zucker in mehreren Schritten zufügen. Nach der letzten Zuckerzugabe die Rührgeschwindigkeit erhöhen. So erhält der Eischnee Struktur und fällt beim Backen nicht zusammen.

– Eischnee kann nicht warten. Wenn er steif ist, die anderen Zutaten aber noch nicht bereitstehen, sollte er bei ganz kleiner Geschwindigkeit weitergerührt werden.

– Der Eischnee kann mit verschiedenen Gewürzen, Vanille, Pfeffer, Safran, Matcha usw., parfümiert werden.

Farbakzente

– Anstelle von Lebensmittelfarbe im Teig können die Macarons vor dem Backen mit Kakao, Kakaobohnensplittern, Pistazienstückchen, Waffelsplittern, Piment d'Espelette, Gewürzen oder farbigem Zucker bestreut werden.

– Dieselbe Lebensmittelfarbe kann je nach Grundrezept eine andere Wirkung erzielen. Es ist beispielsweise schwierig, bei einer Masse mit Italienischer Meringue eine Schwarzfärbung zu erzielen.

Dressieren

– Die Macarons sollten bei möglichst trockener Umgebungsluft hergestellt werden. Es sollte also möglichst nichts anderes zur selben Zeit auf dem Herd brodeln oder kochen.

– Große Spritzbeutel, möglichst Einwegbeutel, mit 8–10 mm großer glatter Tülle verwenden. Erst die Tülle in den Beutel stecken, dann die Spitze abschneiden.

– Sobald der Spritzbeutel gefüllt ist, die Masse mit einem Teigschaber festdrücken, damit Luftblasen entweichen.

– Die Macarons auf Silikon- oder Backpapier dressieren; von diesem lösen sie sich nach dem Backen ganz leicht ab. Auf Silikonmatten bäckt die Unterseite der Macarons weniger gut.

– Damit das Papier glatt liegt und das Dressieren leichter geht, die Ecken des Papiers falls nötig mit kleinen Gewichten beschweren.

– Die Macarons versetzt anordnen (siehe Bild Seite 17), für ein gleichmäßiges Resultat eventuell mithilfe einer Vorlage.

– Die Macarons nicht zu dicht nebeneinandersetzen, sonst kleben sie zusammen.

– Stehen lassen, damit sich eine Kruste bildet, ist nicht unbedingt notwendig, höchstens dann, wenn bei hoher Luftfeuchtigkeit gearbeitet wird. Dann müssen die Macarons mindestens eine Stunde ruhen.

– Zum sofortigen Backen (ohne Krustenbildung) sollte nur das Blech oder die Bleche bestückt werden, die sofort gebacken werden. Die restliche Masse bleibt bis zur weiteren Verwendung im Spritzbeutel.

Backen

Das Backen hat einen ganz wesentlichen Anteil am Gelingen der Macarons.

– Der Backofen muss unbedingt vorgeheizt werden. Gleichzeitig wird ein weiteres Blech mit vorgeheizt (siehe auch Tipps und Tricks Seite 25).

– Das Backblech mit den Macarons kommt auf das vorgeheizte Blech in den Ofen.
– Wenn mit Umluft gleichzeitig mehrere Bleche gebacken werden, sollten diese möglichst weit auseinander eingeschoben werden. So kann die heiße Luft gut zirkulieren und die Macarons backen gleichmäßig.
– Bei einem haushaltsüblichen Umluft-Backofen und für Macarons mit einem Durchmesser von 2 cm variiert die Backzeit je nach Anzahl der Bleche zwischen 12 und 15 Minuten und die Backofentemperatur zwischen 145 und 155 Grad.
– Die Macarons nach dem Herausnehmen aus dem Backofen mitsamt dem Papier vom Blech ziehen und leicht abkühlen lassen. Dann die Macarons wenden und die Unterseite mit dem Daumen leicht eindrücken, damit sie sich einfacher füllen lassen.

Ganache
– Damit eine aufgeschlagene Ganache luftig wird, sollte sie möglichst bereits am Vorabend zubereitet werden.
– Ein Kniff für eine aufgeschlagene Ganache: Die Ganache abwiegen und dasselbe Gewicht an kaltem Vollrahm (Schlagsahne) zufügen.
– Die Zugabe von kaltem Rahm ermöglicht es, die Ganache problemlos aufzuschlagen.
– Stellen Sie verschiedene Ganaches her: auf der Basis von 50 g Schokolade für eine aufgeschlagene Ganache und von 100 g für eine einfache Ganache.
– Honig bindet Feuchtigkeit. Er macht die Ganache zartschmelzend und erlaubt es, Reste davon mit gutem Resultat einzufrieren. Verwenden Sie dafür einen geschmacksneutralen Honig, zum Beispiel Akazienhonig.
– Ätherische Öle werden kalt und erst am Schluss der Zubereitung zugefügt, kurz bevor die Ganache aufgeschlagen wird. Sie müssen vorsichtig dosiert werden, meist reicht ein Tropfen. Auch Alkohol wird tropfenweise zugefügt.
– Eine aufgeschlagene Ganache aus weißer Schokolade kann mit tiefgefrorenen Himbeerstückchen verfeinert werden.

Buttercreme
– Für ein gutes Gelingen halten Sie sich an die Angaben im Rezept.
– Reste von Buttercreme können problemlos eingefroren werden. Vor der Verwendung die aufgetaute Buttercreme einige Minuten bei geringer Geschwindigkeit in der Küchenmaschine aufschlagen, damit sie locker und cremig wird.
– Buttercreme kann mit allen klassischen Aromen verfeinert werden: Orangenblütenwasser, Rosenwasser, Alkohol usw.

1 Den Spritzbeutel gut verschließen, damit die Masse nicht herausläuft.
2 Die Spitze mit einem Messer abschneiden.
3 Luftblasen mit einem Teigschaber oder Teighorn herauspressen.
4 Das Ende des Spritzbeutels fest zusammendrücken und den Beutel in die hohle Hand legen.
5 Den Spritzbeutel senkrecht einen Millimeter vom Blech entfernt halten.

Dekor

– Sobald Sie die Technik beherrschen, können Sie die Form der Macarons variieren. Formen Sie Herzen oder kleine Windbeutel, versuchen Sie zweifarbige Macarons oder solche mit zwei verschiedenen Aromen usw.

– Wenn Sie die Masse in verschiedenen Farben herstellen, können Sie etwas davon in eine Spritze füllen und die Macarons damit dekorieren. Lassen Sie Ihrer Fantasie freien Lauf.

– Für einen raffinierten Effekt können die Macarons mit feinen Bröseln weiterer Zutaten bestreut werden. Oder die gebackenen, abgekühlten Macaronhälften werden mit Lebensmittelfarbe besprüht oder mit Puderzucker bestreut. Überschüssiges Dekor wird mit einem feinen Pinsel abgebürstet.

– Mithilfe eines in Alkohol getauchten Pinsels werden die Macaronhälften mit glitzerndem goldenem oder silbernem Pulver bepinselt.

– Mit einem leicht mit Eiweiß befeuchteten Pinsel über die Macaronhälften streichen und dann mit einem Dekor nach Belieben überziehen (Minze- oder Veilchen-Macarons).

– Die Macaronhälften leicht mit einem mit Eiweiß befeuchteten Pinsel bestreichen und mit Zuckerperlen bestreuen.

– Für festliche Gelegenheiten können die Macarons zu einer Pyramide aufgetürmt werden: Einen Kegel herstellen oder fertig kaufen und die Macarons mit einer einfachen Ganache daran festkleben oder mit einem Zahnstocher befestigen.

Andere Verwendungsmöglichkeiten

– Macarons sind kapriziös und das Resultat schwer vorhersehbar! Leicht aufgeplatzte oder nicht ganz perfekte Exemplare können zum Beispiel anstelle von Löffelbiskuits für ein Tiramisu verwendet werden, sie geben in Gläsern angerichteten Schicht-Desserts Knusprigkeit und eignen sich als Dekoration für Desserts und Süßspeisen. So können nicht ganz perfekte Stellen verdeckt werden und die Desserts sehen aus wie von einem Profi gemacht.

– Übrig gebliebene Italienische Meringue kann wie eine klassische Meringue kreisförmig aufgespritzt und gebacken werden. Im Gefrierschrank aufbewahren.

Verzehr und Aufbewahrung

– Ideal ist es, Macarons 48 Stunden lang ruhen zu lassen, bevor man sie genießt, damit sich die Schalen und die Füllung gut verbinden und sich der Geschmack entfaltet.

– Die fertig gefüllten Macarons dazu offen in den Kühlschrank stellen, damit sie trocknen und eine Kondensierung verhindert wird. Anschließend in einer luftdicht verschlossenen Dose im Kühlschrank aufbewahren. Die Macarons 15–30 Minuten vor dem Verzehr aus dem Kühlschrank nehmen.

– Fertige Macarons können tiefgefroren werden. Zum Auftauen einige Stunden in den Kühlschrank stellen.

– Man kann auch nur die Macaronhalbschalen (ohne Füllung) einfrieren, dies ist meine bevorzugte Methode. Sie werden dann zwei Tage vor dem Verzehr aus dem Gefrierschrank geholt, gefüllt und genauso aufbewahrt wie die frisch hergestellten.

Schritt für Schritt
zum perfekten Gelingen

Erster Schritt: Sicherheit gewinnen

Wenn Sie sich noch nicht ganz sicher sind, fangen Sie ganz einfach mit Keksen an, die wie Macarons aussehen, dieselbe Farbe haben, aber eben noch nicht die Textur. Mit **elsässischen Aniskeksen** (Bild Seite 20, Mitte) üben Sie den Umgang mit dem Spritzbeutel.

150 g ganze Eier (3 mittelgroße Eier)
230 g feiner Zucker
250 g Mehl (Type 550)
15 g Anissamen, mit dem Teigroller leicht zerquetscht

Eier und Zucker in der Küchenmaschine mit dem Schneebesen 8 Minuten bei hoher Geschwindigkeit und anschließend weitere 8 Minuten bei mittlerer Geschwindigkeit rühren. Den Schneebesen durch den Flachrührer ersetzen. Das gesiebte Mehl und den Anis zufügen, nur noch kurz vermischen, nicht mehr rühren. Die Masse in einen Spritzbeutel mit einer 8 mm großen glatten Tülle füllen. Wie für Macarons regelmäßige Teighäufchen auf Backpapier oder auf ungefettete antihaftbeschichtete Bleche spritzen. Über Nacht bei Raumtemperatur stehen lassen, damit sich eine Kruste bildet. Den Backofen auf 180 Grad vorheizen und die Aniskekse 9–10 Minuten backen. Die abgekühlten Kekse vom Blech lösen.

Zweiter Schritt: Werden Sie lockerer …

… im Umgang mit dem Spritzbeutel! Um dies zu üben, stellen wir einen Teig aus etwas günstigeren Zutaten her, also ohne Mandeln. Wir machen ganz einfach **Meringues oder Baiser** (Bild Seite 20, links).

6 Eiweiß, einige Tage luftdicht verschlossen im
    Kühlschrank gelagert, am Vortag Raumtemperatur
    annehmen lassen
1 Prise Salz
2 Tropfen Zitronensaft
½ TL Eiweißpulver (fakultativ)
110 g Puderzucker
110 g Zucker

Das Eiweiß mit Salz und Zitronensaft sowie 1 EL Vanillezucker langsam steif schlagen. Einige Minuten stehen lassen, dann nach und nach portionsweise die Zuckermischung unterrühren. Das kann ungefähr 10 Minuten dauern. Es muss eine feste und glänzende Masse entstehen. Die Masse mit einem Spritzbeutel auf mit Backpapier belegte Bleche spritzen. In dem auf 110–115 Grad vorgeheizten Backofen mit Umluft 70–75 Minuten backen (die Backzeit variiert je nach Ofen). In einer luftdicht verschlossenen Dose bleiben die Meringues knusprig; an der Luft werden sie innen feucht-klebrig. Für einen schönen Perlglanz die Meringuen nach dem Aufspritzen mit Puderzucker bestreuen, 10 Minuten stehen lassen, nochmals mit Puderzucker bestreuen und dann im Ofen backen.

Dritter Schritt: Jetzt gelingen Amaretti!

Den Umgang mit dem Spritzbeutel beherrschen Sie, nun wird am Teig gearbeitet. Mit **Amaretti** (Bild Seite 20, rechts) nähern wir uns Schritt für Schritt den begehrten Macarons …

90 g Eiweiß
100 g Zucker
100 g Puderzucker
160 g gemahlene Mandeln, bei 150 Grad im Backofen leicht geröstet
einige Mandeln zur Dekoration
wenig Bittermandelessenz nach Geschmack

Eiweiß, Zucker und Puderzucker in der Küchenmaschine mit dem Schneebesen 5 Minuten rühren, die Mandeln zufügen. Den Teig auf ein mit Silikonmatte oder Backpapier belegtes Blech aufspritzen und in die Mitte jeweils eine Mandel stecken. Zur Krustenbildung einige Stunden stehen lassen, dann bei 180 Grad ungefähr 12 Minuten backen.

Und nun geht's los: Packen wir das Problem beim Schopf: das echte Pariser Macaron!

Für sämtliche Macaron-Rezepte in diesem Buch brauchen Sie:

– 2 oder 4 Backbleche
– Mixer oder Cutter mit Mixermesser und/oder ein feines Mehlsieb
– Küchenmaschine oder elektrisches Handrührgerät
– grammgenaue Waage
– große Spritzbeutel mit glatter Tülle von 8–10 mm Durchmesser für die Macarons und 6–8 mm für die Füllung
– Teigschaber

Macaron-Grundrezept
mit Italienischer Meringue

Wenn Sie kein Zuckerthermometer haben, noch nicht sehr erfahren sind und sich noch nicht an die Italienische Meringue wagen, beginnen Sie mit einfacheren Macarons ohne Italienische Meringue (siehe Seite 24). Das Ergebnis wird ebenfalls exzellent sein, und Sie können dabei Ihren Backofen noch genauer kennenlernen.

Zutaten
Für ca. 80 Halbschalen oder 40 kleine Macarons

150 g gemahlene geschälte Mandeln
150 g Puderzucker
2-mal 50 g gelagertes Eiweiß (siehe Seite 14)
15 g Zucker
1 g Eiweißpulver (fakultativ)
1 Prise Salz
einige Tropfen Zitronensaft

Zuckersirup:
150 g Zucker
50 g Wasser

Herstellung
Am Vortag
Das gelagerte Eiweiß aus dem Kühlschrank nehmen und Raumtemperatur annehmen lassen.
Alle Zutaten abwiegen. Die gemahlenen Mandeln im Backofen bei 150 Grad 10 Minuten rösten und abkühlen lassen. Gemahlene Mandeln und Puderzucker mixen, ohne dass sich die Mischung erwärmt. Eventuell zusätzlich sieben.

Am Backtag
1 Falls Eiweißpulver verwendet wird, dieses mit den 15 g Zucker vermischen.
2 50 g Eiweiß mit 1 Prise Salz und einigen Tropfen Zitronensaft langsam aufschlagen. Sobald das Eiweiß schaumig ist, den Zucker in drei Schritten zufügen, dabei die Rührgeschwindigkeit erhöhen, bis der Schnee steif ist und kleine Spitzchen bildet. Nun langsamer weiterrühren.
3 In der Zwischenzeit den Zuckersirup herstellen: Zucker und Wasser in einem Topf auf 110 Grad erhitzen (nun nicht mehr rühren). Den Zuckersirup wie einen Faden dem Rand der Rührschüssel entlang zum Eischnee gießen. Bei mittlerer Geschwindigkeit rühren, bis die Masse auf ungefähr 40 Grad abgekühlt ist. Nun ist die Italienische Meringue fertig.
4 Den Backofen auf 145–155 Grad vorheizen und gleichzeitig ein oder mehrere Bleche, je nachdem wie viele in den Ofen passen, mit vorheizen.

Nun gibt es zwei Möglichkeiten, die Macaronmasse herzustellen. Suchen Sie sich diejenige aus, die Ihnen am besten passt.

Erste Variante
5 Während die Meringuemasse abkühlt, die zweite Portion flüssiges Eiweiß (50 g) mit dem Teigschaber unter die Mandel-Puderzucker-Mischung ziehen, sodass eine zähe Mandelmasse entsteht. Die gewünschte Lebensmittelfarbe zufügen.

6 Nach und nach die Italienische Meringue zufügen und mit dem Teigschaber gut vermengen. Die Masse dabei von der Mitte ausgehend von unten nach oben anheben, dabei die Schüssel drehen, bis die Masse zäh vom Schaber fließt.

Zweite Variante

5 Sobald die Meringuemasse die richtige Temperatur hat, die Geschwindigkeit des Rührgeräts zurückschalten, die zweite Portion flüssiges Eiweiß (50 g) und die Lebensmittelfarbe zufügen und ganz kurz unterrühren.

6 Nun die Mandel-Puderzucker-Mischung wie oben beschrieben von Hand unterheben, bis die Masse zäh vom Schaber fließt. Oder mit dem Flachrührer der Küchenmaschine ganz langsam unterrühren, bis eine zähe Masse entstanden ist.

7 Die Masse in einen Spritzbeutel mit 8 oder 10 mm großer Tülle füllen und versetzt auf das mit Backpapier belegte Blech spritzen.

Tipps und Tricks

– Je nach Rezept variieren die Temperaturangaben für den Zuckersirup der Italienischen Meringue. Für Macarons ist ein Sirup von 110 Grad perfekt.
– Der Teig kann halbiert und mit unterschiedlichen Farbtönen gefärbt werden. In diesem Fall die 1. Variante wählen: Jeweils 150 g Mandel-Puderzucker-Mischung auf 2 Rührschüsseln verteilen. Jeweils 25 g Eiweiß und die gewählte Lebensmittelfarbe zufügen. Auch die Italienische Meringue genau in zwei Hälften aufteilen. Achtung: Wiegen Sie zuvor die leere Rührschüssel der Küchenmaschine, damit Sie alle Zutaten ganz genau aufteilen können.

Gewusst wie!

– Wenn der Eischnee bereits steif geschlagen ist, der Zuckersirup aber noch nicht fertig ist, ist das nicht schlimm: Das Rührgerät auf keinen Fall ausschalten, sondern bei kleiner Geschwindigkeit weiter laufen lassen.
– Ist der Zuckersirup fertig, der Eischnee aber noch nicht steif, ist auch das kein Problem: Es genügt, wenn der Sirup auf 110 Grad erhitzt wurde; er kann kurz warten, bis der Eischnee fertig ist.

Macaron-Grundrezept ohne Italienische Meringue oder mit Französischer Meringue

Zutaten

Für ca. 120–140 Halbschalen oder 60–70 kleine Macarons

220 g Puderzucker
120 g gemahlene Mandeln (im Ofen bei 150 Grad
    10 Minuten geröstet und abgekühlt)
90 g gelagertes Eiweiß (siehe Seite 14, am Vortag
    Raumtemperatur annehmen lassen)
einige Tropfen Zitronensaft
1 Prise Salz
30 g Zucker (fakultativ mit 1 g Eiweißpulver vermischt)
1 Messerspitze Lebensmittelfarbe nach Belieben

Herstellung

1 Den Backofen vorheizen, für kleine Macarons auf 145–155 Grad, für große Macarons auf 160–170 Grad. Eventuell ein Backblech mit vorheizen.

2 Den Puderzucker und die gemahlenen Mandeln im Cutter oder im Mixer mit Sekundentaste oder Pulse-Funktion kurz mixen, ohne sie zu erhitzen. Falls erforderlich, durchsieben. Wenn Puderzucker und Mandeln gut vermischt sind, muss die Mischung nicht unbedingt gesiebt werden.

3 Das Eiweiß mit Zitronensaft und Salz langsam steif schlagen, sobald es schaumig ist, den Zucker in mehreren Schritten hinzufügen. Zuletzt die Lebensmittelfarbe beigeben.

4 Für die Herstellung der Macaronmasse gibt es hier wiederum zwei Varianten:

Erste Variante

Die Hälfte der Mandel-Puderzucker-Mischung zum Eischnee geben und mit dem Teigschaber von der Mitte ausgehend von unten nach oben unterheben. Sobald die Masse gleichmäßig vermischt ist, die andere Hälfte der Mandel-Puderzucker-Mischung zufügen und wieder von der Mitte ausgehend von unten nach oben unterheben. Die Masse muss glatt, glänzend und weich, darf aber nicht flüssig sein.

Zweite Variante

Bei Herstellung in der Küchenmaschine den Schneebesen durch den Flachrührer ersetzen, die Mandel-Puderzucker-Mischung auf einmal zufügen und bei kleiner Geschwindigkeit rühren, bis eine zähflüssige Masse entstanden ist.

5 Die Masse in einen Spritzbeutel mit 8–10 mm großer Tülle füllen und die Macarons in gleichmäßigem Abstand versetzt auf ein mit Silikon- oder Backpapier belegtes Blech setzen (am besten Lochblech).

6 Ohne vorherige Ruhezeit zwecks Krustenbildung das Blech mit den Macarons in den Backofen schieben, falls verwendet auf das mit vorgeheizte Blech stellen, und 13–14 Minuten für kleine Macarons bzw. ein paar Minuten länger für größere backen.

7 Die Macarons herausnehmen, mitsamt dem Papier auf die Arbeitsfläche ziehen, etwas abkühlen lassen und dann vom Backpapier ablösen. Wenn Sie Silikonpapier verwenden, lösen sie sich von allein ab; bei Pergamentpapier muss dieses angefeuchtet werden.

Tipps und Tricks

Bei neuen Backöfen und solchen mit gut funktionierender Umluftfunktion braucht es nicht unbedingt ein zweites vorgeheiztes Blech, bei Gas-Backöfen oder älteren elektrischen Backöfen mit nicht mehr optimaler Hitzeverteilung empfiehlt sich jedoch unbedingt die Verwendung eines zweiten vorgeheizten Blechs.

Die Grundrezepte der Füllungen

Dies sind die Grundrezepte für die Cremen, mit denen die Macarons gefüllt werden. Die verschiedenen Aromenvariationen sind in den jeweiligen Rezepten angegeben.

Grundrezept Buttercreme
Diese Buttercreme schmeckt leicht und luftig.

Für die Englische Creme:
20 g Zucker
2 Eigelb
40 g Vollmilch
40 g Vollrahm (Schlagsahne)

Für 150 g Italienische Meringue:
75 g Zucker
25 g Wasser
50 g Eiweiß
1 Prise Salz
1 Tropfen Zitronensaft
20 g Zucker

Fertigstellung:
300 g Butter, weich
75 g Italienische Meringue

1 Die Butter Raumtemperatur annehmen lassen.
2 Für die Englische Creme Zucker und Eigelbe verrühren, ohne dass sie hell und schaumig werden. Milch und Rahm aufkochen und über die Eigelb-Zucker-Mischung gießen. Unter Rühren auf 82–84 Grad erhitzen, bis eine dickflüssige Creme entstanden ist. Die Creme unter ständigem Rühren abkühlen lassen. Den Topf dazu am besten in eine mit kaltem Wasser gefüllte Schüssel stellen.
3 Für die Italienische Meringue einen Zuckersirup herstellen: Dazu die erste Portion Zucker und das Wasser in einem Topf auf 118 Grad erhitzen. Gleichzeitig das Eiweiß mit Salz und Zitronensaft langsam aufschlagen und, sobald es schaumig ist, die 20 g Zucker zufügen. Den Zuckersirup in dünnem Strahl dazugießen und die Eischneemasse auf mittlerer Geschwindigkeit weiterschlagen, bis sie abgekühlt ist.
4 Die Butter mit dem Flachrührer cremig rühren. Nach und nach die auf 30 Grad abgekühlte Englische Creme einrühren.
5 Bei kleiner Geschwindigkeit 75 g Italienische Meringue unterheben. Die Oberfläche mit Frischhaltefolie bedecken und bei Raumtemperatur bereithalten.

Den Rest der Italienischen Meringue zur Herstellung von Macarons verwenden. Sie lässt sich nicht gut in kleinerer Menge herstellen.

Zitruscremefüllung

Abgeriebene Schale von 1 Zitrusfrucht
25 g Zucker
1 TL Speisestärke
50 g Saft von Zitrusfrüchten
1 großes Ei
30 g Butter

Abgeriebene Zitrusschale, Zucker und Speisestärke vermischen, Zitrussaft und Ei zufügen. Im Wasserbad unter Rühren erhitzen, bis die Creme eindickt. Glatt rühren und, sobald die Masse auf 40 Grad abgekühlt ist, die Butter unterrühren.

Englische-Creme-Füllung

80 g Vollrahm (Schlagsahne)
10 g Zucker
1 Eigelb
½ Blatt Gelatine, in kaltem Wasser eingeweicht
nach Belieben 1 TL Pistazienpaste oder aromatisierter
    Alkohol oder 20 g Fruchtmark, Tee, Minze, Basilikum
    usw.

Den Rahm erhitzen. Zucker und Eigelb mischen, Rahm und abgetropfte Gelatine unterrühren, auf 82–84 Grad erhitzen. Durch ein Sieb passieren, mixen und abkühlen lassen.

Wenn Sie die Creme mit Alkohol aromatisieren, diesen erst in die abgekühlte Creme geben. Die Zutaten für Aufgüsse im heißen Rahm ziehen lassen (Tee) oder in der kalten Mischung. Pasten und Fruchtmark zum heißen Rahm geben.

Grundrezept Crème brûlée

Für eine Silikonform mit 48 Mini-Halbkugeln à 6 ml

125 g Vollrahm (Schlagsahne)
20 g Zucker
1 Blatt Gelatine, in kaltem Wasser eingeweicht
50 g Eigelb (2 große oder 3 kleine)

1 Ein Drittel des Rahms (40 g) mit dem Zucker erhitzen, die ausgedrückte Gelatine zufügen und gut verrühren.
2 Das Eigelb und den restlichen Rahm zufügen. Falls nötig mit dem Stabmixer glatt rühren.
3 Die Masse in die Mini-Halbkugeln füllen und im Backofen bei 95 Grad 20 Minuten garen.
4 Herausnehmen, abkühlen lassen und dann tiefkühlen.

Grundrezept Mascarponecreme

20 g Zucker
3 Eigelb
80 g Vollrahm (Schlagsahne)
1 Blatt Gelatine, in kaltem Wasser eingeweicht
125 g Mascarpone

1 Zucker und Eigelbe vermischen.
2 Den Rahm aufkochen und über die Eigelb-Zucker-Mischung gießen. In den Topf zurückgeben und unter Rühren auf 82–84 Grad erhitzen, wie eine Englische Creme.
3 Die abgetropfte Gelatine unterrühren und die Creme auf 25 Grad abkühlen lassen. Den Topf dazu am besten in eine mit kaltem Wasser gefüllte Schüssel stellen. Von der Creme 110 g abwiegen.
4 Den Mascarpone mit dem Schneebesen glatt rühren. Nach und nach unter die abgekühlte Creme heben. Im Kühlschrank fest werden lassen.

Grundrezept Ganache

25 g Vollrahm (Schlagsahne)
50 g weiße Kuvertüre mit 35 % Kakaogehalt,
   in Tropfenform oder gehackt
3 g Honig, 20 g Fruchtmark oder Pistazienpaste
   oder 1 EL lösliches Kaffeepulver usw.

Den Rahm erhitzen. Die Kuvertüre schmelzen und in drei Schritten mit dem heißen Rahm verrühren. Honig, Fruchtmark oder ein anderes Aroma zufügen und bei Raumtemperatur fest werden lassen.

Aufgeschlagene weiße Ganache

Die Ganache abwiegen und genauso viel kalten Vollrahm (Schlagsahne) hinzufügen. Ein paar Stunden in den Kühlschrank stellen, dann wie Schlagrahm steif schlagen.

Aufgeschlagene dunkle Ganache

Zubereitung wie die aufgeschlagene weiße Ganache, jedoch mit folgenden Zutatenmengen:
50 g dunkle Kuvertüre mit 72 % Kakaogehalt, in Tropfenform oder gehackt, 60 g + 110 g Vollrahm (Schlagsahne), 3 g neutraler Honig.

Aufgeschlagene Vollmilch-Ganache

Zubereitung wie die aufgeschlagene weiße Ganache, jedoch mit folgenden Zutatenmengen:
50 g kräftige Milchschokolade mit 40 % Kakaogehalt, in Tropfenform oder gehackt, 30 g + 80 g Vollrahm (Schlagsahne), 3 g neutraler Honig.

Tipp

Warum verwendet man kalten Rahm (kalte Sahne) zum Aufschlagen der Ganache? Rahm, der aufgekocht wurde, lässt sich nur schlecht aufschlagen. Dadurch, dass kalter Rahm zugefügt und die Mischung anschließend gut durchgekühlt wird, lässt sich die aromatisierte Ganache leichter und mit einem besseren Resultat aufschlagen.

Selbst gemachte Pistazienpaste

1 kg geschälte grüne Pistazien
200 g Traubenkernöl
20 g Pflaumenkernöl oder Pistazienöl (Vorsicht,
   der Geschmack ist sehr kräftig)

1 Die Pistazien ungefähr 10 Minuten im 150 Grad heißen Backofen rösten. Abkühlen lassen.
2 Im Mixer mahlen, dabei nach und nach die beiden Öle zufügen. Im Kühlschrank aufbewahren oder portionsweise einfrieren.

Selbst gemachte Pralinémasse

125 g geschälte Haselnüsse
125 g ungeschälte Mandeln
170 g Zucker
50 ml Wasser

1 Mandeln und Haselnüsse ungefähr 15 Minuten im 150 Grad heißen Backofen rösten.
2 Zucker und Wasser in einer Pfanne auf 120 Grad erhitzen. Von der Herdplatte nehmen, die gerösteten Mandeln und Haselnüsse zufügen und sofort gut umrühren, damit Mandeln und Haselnüsse gleichmäßig von Zucker umhüllt werden. Sobald der Zucker kristallisiert ist, die Pfanne wieder auf den Herd stellen und ständig rühren, bis ein bernsteinfarbener Karamell entstanden ist.
3 Die Masse auf einer Backmatte ausstreichen und bei Raumtemperatur abkühlen lassen. In Stücke brechen und im Mixer oder Cutter zerkleinern, bis eine weiche Masse entstanden ist (eventuell portionsweise).

Grundrezept Marzipan

125 g Marzipan guter Qualität (mit 50 % Mandelanteil), in der Mikrowelle weich gemacht, mit 35 g weicher Butter, Aroma und Lebensmittelfarbe mischen.

Grundrezept Konfitüre

200 g Früchte nach Wahl (Nettogewicht)
6 g gelbes Pektin oder die entsprechende Menge eines
   anderen handelsüblichen Geliermittels (z. B. Gelfix)
25 g Zucker + 75 g Zucker
Saft von ½ Zitrone

Die Früchte erhitzen. Das Pektin mit 25 g Zucker vermischen, über die Früchte streuen und einige Sekunden umrühren. Den restlichen Zucker zufügen und auf 102 Grad erhitzen. Den Zitronensaft am Ende der Kochzeit zufügen. Die Fruchtmasse eventuell pürieren. Abkühlen lassen. Kühl aufbewahren.

Füllungen aus dem Küchenschrank

Mascarpone zu gleichen Teilen mit einem Fertigprodukt (Nutella, Karamellcreme usw.) verrühren.

Macarons mit Salzkaramell

Zubereitung: 15 Minuten am Vortag,
20 Minuten am Backtag
Backzeit: 13–15 Minuten pro Blech

Macarons
Backen Sie die Macarons nach dem Grundrezept Ihrer Wahl. Fügen Sie der Masse karamellfarbene oder alternativ braune Lebensmittelfarbe mit einer Prise Gelb hinzu.

Aufgeschlagene Ganache
Bereits am Vortag herzustellen.

Für die Salzkaramellsauce:
60 ml Vollrahm (Schlagsahne)
40 g Zucker
15 g gesalzene Butter
2 g Fleur de Sel

50 g weiße Kuvertüre mit 35 % Kakaogehalt
100 g Vollrahm (Schlagsahne)
3 g Akazienhonig

1 Für die Salzkaramellsauce den Rahm erhitzen. Gleichzeitig separat einen Topf erhitzen und den Zucker darin zu einem hellen Karamell schmelzen. Die Butter, den heißen Rahm und das Fleur de Sel zufügen. Gut umrühren und bei Raumtemperatur beiseitestellen.
2 Die Kuvertüre im Wasserbad oder in der Mikrowelle schmelzen.

3 Ein Viertel des Rahms mit dem Honig aufkochen. Die heiße Rahm-Honig-Mischung in drei Schritten über die Kuvertüre gießen und jeweils mit dem Teigschaber unterrühren, bis eine glänzende, glatte Masse entstanden ist. Anschließend die Salzkaramellsauce einarbeiten.
4 Die restlichen 75 g kalten Rahm unterrühren (eventuell mit dem Stabmixer, dabei aber keine Luft einarbeiten). Mindestens 3 Stunden oder am besten über Nacht kühl stellen.

Fertigstellung
Am nächsten Tag die Ganachemasse mit dem elektrischen Handrührgerät aufschlagen. In einen Spritzbeutel mit 6-mm-Tülle füllen und die Macarons damit füllen.

Tipps
– Um den salzigen Geschmack zu verstärken, kann mehr Fleur de Sel zugefügt werden.
– Um Zeit zu gewinnen, kann anstelle der aufgeschlagenen Ganache eine einfache Karamell-Ganache verwendet werden, ohne die Zugabe von 75 g kaltem Rahm (Sahne).
– Anstelle selbstgemachter Karamellsauce kann die Ganache mit einem gehäuften Esslöffel fertiger Karamellcreme mit gesalzener Butter (z. B. Salidou) zubereitet werden.
– Mit dem Daumen die glatte Unterseite der Macaronhalbschalen leicht eindrücken, damit sie mehr Füllung aufnehmen können.

Klassische Schokoladen-Macarons

Zubereitung: 30 Minuten
Backzeit: 13–15 Minuten pro Blech

Macarons
Für 60–66 Halbschalen oder 30–33 kleine Macarons

**60 g fein gemahlene Mandeln, bei 150 Grad 10 Minuten
   geröstet, abgekühlt**
100 g Puderzucker
10 g ungesüßtes Kakaopulver
**45 g gelagertes Eiweiß (am Vortag bei Raumtemperatur
   bereitgestellt)**
15 g Zucker, fakultativ mit 1 g Eiweißpulver vermischt
einige Tropfen Zitronensaft
1 Prise Salz
1 Messerspitze rote Lebensmittelfarbe

Das Grundrezept ohne Italienische Meringue (Seite 24)
herstellen, dabei das Kakaopulver mit Mandeln und
Puderzucker vermischen. Die Masse von Hand oder mit
dem Flachrührer in der Küchenmaschine herstellen.
Nach dem Backen die flache Unterseite der Macarons
mit dem Daumen leicht eindrücken, damit sie sich besser
füllen lassen.

Einfache Schokoladen-Ganache
50 g Kuvertüre mit mindestens 64 % Kakaogehalt
60 g Vollrahm (Schlagsahne)
10 g Butter

1 Die Kuvertüre im Wasserbad schmelzen.
2 Den Rahm fast bis zum Kochen bringen.
3 Den heißen Rahm in drei Schritten über die Kuvertüre
gießen und mit dem Teigschaber jeweils gut einarbeiten,
sodass eine glatte, glänzende Masse entsteht.
4 Die Masse auf 40 Grad abkühlen lassen, dann die
Butter zufügen und glatt rühren. Bei Raumtemperatur fest
werden lassen.

Auf dieselbe Weise kann auch eine Milchschokoladen-
Ganache hergestellt werden: Dazu nimmt man 50 g kräftige Milchschokolade mit 40 % Kakaoanteil und
45 g Rahm (Sahne).

Fertigstellung
Die Ganache in einen Spritzbeutel mit 6-mm-Tülle geben
und die Macarons damit füllen.

Tipps
– Eine Messerspitze rote Lebensmittelfarbe verstärkt das
»schokoladige« Aussehen der Macaronschalen.
– Die Ganache kann mit Piment d'Espelette, Kreuz-
kümmel, Anis, Safran, Koriander, Szechuanpfeffer oder
anderen Aromen pikant gewürzt werden. Die Gewürze
im heißen Rahm ziehen lassen, bevor dieser über die
Kuvertüre gegossen wird.
– Als Faustregel gilt, dass ein Eiweiß 30 g wiegt. Um
aber Ihre Chancen auf ein perfektes Ergebnis zu
erhöhen und weil die Patisserie eine große Genauigkeit
erfordert, sollten Sie sich angewöhnen, alles abzuwiegen.

Macarons mit leichter Praliné-, Kaffee- oder Pistazien-Buttercreme

Drei Rezepte in einem: Sie teilen einfach die Buttercreme in drei gleich große Teile auf und fügen jeweils eines der Aromen hinzu.

Zubereitung der Buttercreme: 30 Minuten
Backzeit: 13–15 Minuten pro Blech

Macarons

Backen Sie die Macarons nach dem Grundrezept Ihrer Wahl mit oder ohne Italienische Meringue. Fügen Sie der Masse braune Lebensmittelfarbe je nach gewünschter Färbung hinzu, für die Pistazien-Macarons verwenden Sie pistaziengrüne Lebensmittelfarbe. Nach dem Backen die flache Unterseite der Macarons mit dem Daumen leicht eindrücken, damit sie sich besser füllen lassen.

Leichte Buttercreme

Englische Creme:
40 g frische Vollmilch
40 g Vollrahm (Schlagsahne)
20 g Zucker
2 Eigelb

Italienische Meringue:
75 g Zucker
25 g Wasser
50 g Eiweiß
20 g Zucker

Fertigstellung

300 g Butter bester Qualität
1 gehäufter EL Pralinémasse
1 gehäufter EL Pistazienpaste
1 kleine Tasse sehr starker Espresso
    + 1 TL löslicher Kaffee

1 Nach dem Grundrezept auf Seite 26 eine Buttercreme herstellen. Die Italienische Meringue allerdings ohne Salz und Zitronensaft zubereiten.
2 Die Buttercreme in 3 gleich große Portionen teilen: Die erste Portion mit der Pralinémasse, die zweite mit der Pistazienpaste und die dritte mit Espresso sowie löslichem Kaffee aromatisieren. Die Oberfläche der Cremen direkt mit Frischhaltefolie bedecken und bei Raumtemperatur aufbewahren.

Fertigstellung der Macarons

Die Füllungen in drei Spritzbeutel mit 6-mm-Tülle geben und die Macarons damit füllen.

Tipps

– Wenn für die Füllung nur ein Aroma verwendet wird, die Zutat direkt unter die Englische Creme rühren.
– Für selbst gemachte Pralinémasse und Pistazienpaste siehe Seite 29. Sie können aber auch gute fertig gekaufte Produkte verwenden (z. B. von Valrhona).
– Aus dem Rest der Italienischen Meringue, die für die Zubereitung der Buttercreme benötigt wird, Macarons herstellen. Sie lässt sich nicht gut in kleinerer Menge herstellen.

Vanille-Macarons mit Kubebenpfeffer

Zubereitung: 15 Minuten am Vortag,
20 Minuten am Backtag
Backzeit: 13–15 Minuten pro Blech

Macarons

Backen Sie die Macarons nach dem Grundrezept Ihrer Wahl. Fügen Sie der Mandel-Puderzucker-Mischung entweder das ausgekratzte Mark von 1 großen Vanilleschote oder ½ TL Vanillepulver sowie ½ TL fein gemahlenen Kubebenpfeffer zu. In diesem Rezept wird keine Lebensmittelfarbe verwendet; die Macarons werden vor dem Backen mit etwas frisch gemahlenem Kubebenpfeffer bestreut. Nach dem Backen die flache Unterseite der Macarons mit dem Daumen leicht eindrücken, damit sie sich besser füllen lassen.

Aufgeschlagene Vanille-Pfeffer-Ganache

Bereits am Vortag herzustellen.

75 g Vollrahm (Schlagsahne)
½ Tahiti-Vanilleschote, längs aufgeschlitzt
1 EL Kubebenpfeffer, zerquetscht
50 g weiße Kuvertüre mit 35 % Kakaogehalt
25 g Vollrahm (Schlagsahne)
3 g Akazienhonig

1 Die Vanilleschote und den Kubebenpfeffer zur ersten Portion Rahm (75 g) geben und darin ziehen lassen. Durch ein Sieb abgießen.
2 Die Kuvertüre im Wasserbad oder in der Mikrowelle schmelzen.

3 Die zweite Portion Rahm (25 g) mit dem Honig aufkochen. Anschließend die heiße Rahm-Honig-Mischung in drei Schritten über die Kuvertüre gießen und jeweils mit dem Teigschaber unterrühren, bis eine glänzende, glatte Masse entstanden ist.
4 Den aromatisierten kalten Rahm unterrühren (eventuell mit dem Stabmixer, dabei aber keine Luft einarbeiten). Mindestens 3 Stunden oder am besten über Nacht kühl stellen.

Fertigstellung

Am nächsten Tag die Ganachemasse mit dem elektrischen Handrührgerät aufschlagen. In einen Spritzbeutel mit 6-mm-Tülle geben und die Macarons damit füllen.

Tipps

– Der Kubebenpfeffer kann durch Langpfeffer oder Szechuanpfeffer ersetzt werden. Am besten entfaltet sich das Aroma des Pfeffers, wenn er ganz frisch im Mörser zerstoßen wird, Puristen verwenden dazu vorzugsweise einen Mörser aus Olivenholz.
– Vanilleschoten aus Tahiti sind besonders fleischig und aromatisch.

Veilchen-Macarons

Zubereitung: 10 Minuten
Backzeit: 13–15 Minuten pro Blech

Macarons

Backen Sie die Macarons nach dem Grundrezept Ihrer
Wahl. Um die violette Farbe zu erhalten, mischen Sie
rote und blaue Lebensmittelfarbe (Pulver). Zum Schluss
werden die Macarons vor dem Backen mit einigen
Bröseln zersplitterter Zuckerveilchen dekoriert (siehe
auch Seite 18). Nach dem Backen die flache Unterseite
der Macarons mit dem Daumen leicht eindrücken,
damit sie sich besser füllen lassen.

Marzipanfüllung

125 g Marzipan (50 % Mandelgehalt)
35 g Butter, weich
½ TL Veilchenpaste, Veilchenaroma oder ätherisches
   Veilchenöl (siehe Tipps)
rote und blaue Lebensmittelfarbe in der für die
   gewünschte Färbung benötigten Menge

1 Das Marzipan in der Mikrowelle weich werden lassen.
2 Die weiche Butter, das Veilchenaroma und die Lebensmittelfarbe unterrühren. Die Marzipanfüllung muss
geschmeidig sein.

Fertigstellung

Die Marzipanfüllung in einen Spritzbeutel geben und die
Macarons damit füllen.

Tipps

– Verwenden Sie zum Aromatisieren der Füllung besser
  keinen Veilchensirup; er ist zu süß.
– Den Geschmack der Füllung können Sie ganz nach
  Belieben variieren, z. B. mit Rose, Orangenblüten,
  Mohn, Bitterorange, Hibiskus oder Erdbeeraroma.
  Ätherische Öle eignen sich für die Füllung dieses
  einfachen, schnellen Rezeptes besonders gut.
– Es ist wichtig, dass das Marzipan mindestens
  50 Prozent Mandeln enthält.
– Falls das Marzipan nur in großen Mengen erhältlich ist,
  können Sie den Rest problemlos in Portionen einfrieren
  und haben so einen praktischen Vorrat für weitere
  Macarons zur Hand.
– Anstelle des Spritzbeutels kann zum Füllen der Maca-
  rons auch ein Teelöffel zu Hilfe genommen werden.

Fenchel-Sternanis-Macarons

Zubereitung: 20 Minuten am Vortag
Backzeit: 13–15 Minuten pro Blech

Macarons

Backen Sie die Macarons nach dem Grundrezept Ihrer Wahl. Fügen Sie der Masse 1 Prise gelbe Lebensmittelfarbe zu. Die Macarons vor dem Backen mit zerstoßenen Anissamen bestreuen. Nach dem Backen die flache Unterseite der Macarons mit dem Daumen leicht eindrücken, damit sie sich besser füllen lassen.

Mascarponecreme mit Fenchel und Sternanis

20 g Zucker
3 Eigelb
80 g Vollrahm (Schlagsahne)
1 Fenchelknolle, geputzt, gewürfelt
2 Sternanis
1 Blatt Gelatine, in kaltem Wasser eingeweicht
125 g Mascarpone

1 Zucker und Eigelbe verrühren.
2 Den Rahm aufkochen, die Fenchelwürfel und den Sternanis 10 Minuten darin ziehen lassen. Dann den aromatisierten Rahm durch ein Sieb gießen, falls erforderlich nochmals erhitzen und heiß über die Eigelb-Zucker-Mischung gießen. Wieder zurück in den Topf geben und unter Rühren auf 82–84 Grad erhitzen, bis eine dickflüssige Creme entstanden ist.

3 Die abgetropfte Gelatine unterrühren und die Creme auf 25 Grad abkühlen lassen. 110 g davon abwiegen.
4 Den Mascarpone mit dem Schneebesen glatt rühren und nach und nach die Creme darunterziehen. Im Kühlschrank fest werden lassen. Nach Geschmack noch 1 Tropfen ätherisches Sternanisöl zufügen.

Fertigstellung

Die aromatisierte Mascarponecreme in einen Spritzbeutel geben und die Macarons damit füllen. Im Kühlschrank aufbewahren.

Tipps

– Nach demselben Prinzip können Sie Ihrer Fantasie freien Lauf lassen und den Geschmack der Macarons variieren, zum Beispiel durch eine Mascarponecreme mit dem Aroma von Karamell, Erdbeeren, Heidelbeeren, Passionsfrucht, Erdbeer-Rhabarber usw.
– Für eine optimale Konsistenz die Mascarponecreme am besten über Nacht im Kühlschrank fest werden lassen.
– Achtung: Diese Macarons sind besonders empfindlich und weichen schnell durch. Sie sollten daher innerhalb eines Tages verzehrt werden.

Curry-Macarons
mit Piment d'Espelette

Zubereitung: 30 Minuten
Backzeit: 13–15 Minuten pro Blech

Macarons
Backen Sie die Macarons nach dem Grundrezept
Ihrer Wahl. Der Mandel-Puderzucker-Mischung ½ Teelöffel Piment d'Espelette und 1 Messerspitze zitronengelbe Lebensmittelfarbe (Pulver) zufügen. Die Macarons
vor dem Backen mit etwas Piment d'Espelette bestreuen. Nach dem Backen die flache Unterseite der
Macarons mit dem Daumen leicht eindrücken, damit
sie sich besser füllen lassen.

Aufgeschlagene Ganache
Bereits am Vortag herzustellen.

50 g weiße Kuvertüre mit 35 % Kakaogehalt
25 g Vollrahm (Schlagsahne)
3 g Akazienhonig
1 Messerspitze mildes Currypulver
75 g Vollrahm (Schlagsahne), kalt

1 Die Kuvertüre im Wasserbad oder in der Mikrowelle
schmelzen.
2 Die erste Portion Rahm (25 g) mit dem Honig aufkochen. Das Currypulver darin auflösen.
3 Die heiße Rahmmischung in drei Schritten über die
Kuvertüre gießen und mit dem Teigschaber unterrühren,
bis eine glänzende, glatte Masse entstanden ist.

4 Die zweite Portion Rahm (75 g) unterrühren (eventuell
mit dem Stabmixer, dabei aber keine Luft einarbeiten).
Mindestens 3 Stunden oder am besten über Nacht kühl
stellen.

Fertigstellung
Am nächsten Tag die Ganache mit dem elektrischen
Handrührgerät aufschlagen. In einen Spritzbeutel mit
6-mm-Tülle geben und die Macarons sofort damit füllen.

Tipps
– Für alle Rezepte ist Vollrahm bzw. Schlagsahne mit
einem Fettgehalt von 30 bis 35 Prozent zu verwenden.
Fettreduzierte Sorten eignen sich nicht.
– Weiße Kuvertüre kann durch weiße Schokolade ersetzt
werden. Vorsicht: Diese ist aber oft sehr süß und kann
zu einem geschmacklich unbefriedigenden Resultat
führen.
– Für dieses Rezept muss mildes Currypulver verwendet
und dieses sorgfältig dosiert werden; das Aroma soll
fein und dezent sein.
– Da einmal aufgekochter Rahm sich nur schlecht aufschlagen lässt, fügt man der Mischung kalten Rahm
zu und lässt sie gut durchkühlen. So lässt sich die
Ganache leichter und mit einem besseren Resultat
aufschlagen.

Macarons mit Lebkuchengewürz und kandiertem Ingwer

Zubereitung: 15 Minuten am Vortag,
20 Minuten am Backtag
Backzeit: 13–15 Minuten pro Blech

Macarons

Backen Sie die Macarons nach dem Grundrezept Ihrer Wahl. Der Mandel-Puderzucker-Mischung ½ Teelöffel gemahlenen Ingwer und zitronengelbe Lebensmittelfarbe (Pulver) sowie 1 Messerspitze rote Lebensmittelfarbe zufügen. Die Macarons vor dem Backen mit etwas Ingwerpulver bestreuen. Nach dem Backen die flache Unterseite der Macarons mit dem Daumen leicht eindrücken, damit sie sich besser füllen lassen.

Aufgeschlagene Ganache

Bereits am Vortag herzustellen.

1 EL Lebkuchengewürz
40 g Vollrahm (Schlagsahne)
50 g weiße Kuvertüre mit 35 % Kakaogehalt
3 g Akazienhonig
75 g Vollrahm (Schlagsahne), kalt
1 Tropfen ätherisches Ingweröl
1 kleines Stück kandierter Ingwer, fein gewürfelt

1 Das Lebkuchengewürz in einen Teefilter aus Papier geben und in der ersten Portion Rahm (40 g) mindestens 30 Minuten ziehen lassen.
2 Die Kuvertüre im Wasserbad oder in der Mikrowelle schmelzen.

3 Von dem aromatisierten Rahm 25 g abwiegen und in einem kleinen Topf mit dem Honig aufkochen.
4 Die heiße Rahmmischung in drei Schritten über die Kuvertüre gießen und mit dem Teigschaber unterrühren, bis eine glänzende, glatte Masse entstanden ist.
5 Die zweite Portion Rahm (75 g) unterrühren (eventuell mit dem Stabmixer, dabei keine Luft einarbeiten). Mindestens 3 Stunden oder am besten über Nacht kühl stellen.

Fertigstellung

Am nächsten Tag das ätherische Ingweröl zufügen und die Masse mit dem elektrischen Handrührgerät aufschlagen. In einen Spritzbeutel mit 6-mm-Tülle geben und die Macarons sofort damit füllen. Die Ganache mit kandierten Ingwerwürfeln bestreuen und eine zweite Macaronschale aufsetzen.

Tipps

– Das ätherische Öl kann durch Ingweraroma ersetzt werden. Am besten wird es zur kalten Ganache gegeben, dann bleibt seine Geschmacksqualität am besten erhalten.
– Ingwer kann hier auch durch Orange ersetzt werden, die sehr gut zum Lebkuchengewürz passt. Die Macaronschalen dann mit Orangenschalenpulver bestreuen, die Ganache mit ätherischem Orangenöl oder Orangenaroma würzen und kandierte Orangenschalenwürfelchen anstelle des kandierten Ingwers verwenden.

Lakritz-Macarons

Zubereitung: 15 Minuten am Vortag,
20 Minuten am Backtag
Backzeit: 13–15 Minuten pro Blech

Macarons

Backen Sie die Macarons nach dem Grundrezept ohne Italienische Meringue (siehe Tipps). Der Masse 1 Teelöffel brillantschwarze Lebensmittelfarbe zufügen. Nach dem Backen die flache Unterseite der Macarons mit dem Daumen leicht eindrücken, damit sie sich besser füllen lassen.

Aufgeschlagene Ganache

Bereits am Vortag herzustellen.

50 g weiße Kuvertüre mit 35 % Kakaogehalt
25 g Vollrahm (Schlagsahne)
3 g neutraler Honig (Akazienhonig)
⅓ Beutel Anis-Lakritze (Haribo)
75 g Vollrahm (Schlagsahne), kalt

1 Die Kuvertüre im Wasserbad oder in der Mikrowelle schmelzen.
2 Die Lakritz-Bonbons in der ersten Portion Rahm (25 g) auflösen. Gerade zum Kochen bringen und den Honig zufügen.

3 Den heißen Lakritzrahm in drei Schritten über die Kuvertüre gießen und mit dem Teigschaber unterrühren, bis eine glänzende, glatte Masse entstanden ist.
4 Die zweite Portion Rahm (75 g) unterrühren (eventuell mit dem Stabmixer, dabei keine Luft einarbeiten). Über Nacht im Kühlschrank ruhen lassen.

Fertigstellung

Am nächsten Tag die Lakritz-Ganache mit dem elektrischen Handrührgerät steif schlagen. In einen Spritzbeutel mit 6-mm-Tülle geben und die Macarons sofort damit füllen.

Tipps

– Mit einer Italienischen Meringue gelingen keine schönen schwarzen Macarons. Daher das Grundrezept ohne Italienische Meringue verwenden.
– Wichtig: Verwenden Sie immer Vollrahm (Schlagsahne) mit einem Fettgehalt von 30 bis 35 %.
– Die für die Lakritze angegebene Menge ist nur ein Richtwert, sie kann ganz nach persönlichem Geschmack angepasst werden.

Vanille-Kardamom-Macarons

Zubereitung: 30 Minuten
Backzeit: 13–15 Minuten pro Blech

Macarons

Backen Sie die Macarons nach dem Grundrezept Ihrer Wahl. Keine Lebensmittelfarbe hinzufügen, dafür das Mark von 2 Vanilleschoten in die Mandel-Puderzucker-Mischung geben. Nach dem Backen die flache Unterseite der Macarons mit dem Daumen leicht eindrücken, damit sie sich besser füllen lassen.

Leichte Buttercreme

Englische Creme:
40 g frische Vollmilch
40 g Vollrahm (Schlagsahne)
20 g Zucker
2 Eigelb
2 Tahiti-Vanilleschoten, aufgeschlitzt und ausgekratzt

Italienische Meringue:
75 g Zucker
25 g Wasser
50 g Eiweiß
20 g Zucker

Fertigstellung

300 g Butter beste Qualität, weich
2 Tropfen ätherisches Kardamomöl
75 g Italienische Meringue

1 Nach dem Grundrezept auf Seite 26 eine Buttercreme herstellen: Dabei das ausgekratzte Vanillemark samt den Schoten in der Milch-Rahm-Mischung ziehen lassen; die Schoten anschließend entfernen. Die Italienische Meringue ohne Salz und Zitronensaft zubereiten.
2 Zum Schluss das ätherische Kardamomöl zufügen. Die Oberfläche der Creme direkt mit Frischhaltefolie bedecken und bei Raumtemperatur bereithalten.

Fertigstellung der Macarons

Die aromatisierte Buttercreme in einen Spritzbeutel geben und die Macarons damit füllen.

Tipps

– Diese Buttercreme eignet sich gut zum Tiefkühlen. Es lohnt sich, etwas mehr davon zuzubereiten und portionsweise einzufrieren.
– Aus dem Rest der Italienischen Meringue, die für die Zubereitung der Buttercreme benötigt wird, Macarons herstellen. Sie lässt sich nicht gut in kleinerer Menge herstellen.
– Als weitere würzige Variante: Für eine Buttercreme mit schwarzem Sesam genügt es, 2 Esslöffel schwarze Sesampaste zur Englischen Creme zu geben und ansonsten dem Rezept zu folgen.
– Es gibt sehr viele ätherische Öle. Lassen Sie sich von ihrer Vielfalt zum Aromatisieren der Buttercreme inspirieren!

Macaron-Grundrezept mit italienischer Meringue

150 g gemahlene geschälte Mandeln, im Ofen
bei 150 Grad 10 Minuten geröstet und abgekühlt
150 g Puderzucker
2-mal 50 g gelagertes Eiweiß, am Vortag Raumtemperatur
annehmen lassen
1 Prise Salz
einige Tropfen Zitronensaft
15 g Zucker (fakultativ mit 1 g Eiweißpulver vermischt)
1 Msp. Lebensmittelfarbe nach Belieben

Zuckersirup:
150 g Zucker
50 g Wasser

Herstellung

1 Die gemahlenen gerösteten Mandeln und den Puderzucker im Cutter oder Mixer kurz mixen. Falls nötig durchsieben.

2 50 g Eiweiß mit 1 Prise Salz und einigen Tropfen Zitronensaft schaumig schlagen. Den Zucker portionsweise hinzufügen und weiterschlagen, bis der Schnee steif ist und kleine Spitzen bildet.

3 Für den Zuckersirup Zucker und Wasser auf 110 Grad erhitzen. Den Zuckersirup in einem Faden entlang dem Rand der Rührschüssel zum Eischnee gießen. Bei mittlerer Geschwindigkeit rühren, bis die Masse auf 40 Grad abgekühlt ist.

Nun gibt es zwei Möglichkeiten, die Macaronmasse herzustellen:

Erste Variante

4 Während die Meringuemasse abkühlt, die zweite Portion flüssiges Eiweiß (50 g) mit dem Teigschaber unter die Mandel-Puderzucker-Mischung ziehen. Lebensmittelfarbe hinzufügen.

5 Nach und nach die italienische Meringue mit dem Teigschaber gut unterheben.

Zweite Variante

4 Sobald die Meringuemasse die richtige Temperatur hat, die zweite Portion flüssiges Eiweiß (50 g) und die Lebensmittelfarbe zugeben und nur noch einige Sekunden rühren.

5 Die Mandel-Puderzucker-Mischung vorsichtig von Hand oder bei langsamer Geschwindigkeit mit dem Flachrührer der Küchenmaschine unterheben.

6 Die Masse in einen Spritzbeutel mit 8- oder 10-mm-Tülle füllen und auf ein mit Silikon- oder Backpapier belegtes Blech spritzen. Im auf 145–155 Grad vorgeheizten Ofen backen.

Macarons mit schwarzem Sesam und mit Matcha-Azuki

Zubereitung: 15 Minuten am Vortag,
20 Minuten am Backtag
Backzeit: 13–15 Minuten pro Blech

Macarons

Backen Sie die Macarons nach dem Grundrezept Ihrer Wahl. Für die Macarons mit Azuki-Ganache wird die Masse mit ½ TL Matcha-Tee gefärbt, und die Macaronschalen werden anschließend mit ½ TL Matcha-Tee bestreut. Für die Macarons mit schwarzer Sesamfüllung der Masse 1 Messerspitze schwarze Lebensmittelfarbe zufügen, um ein schönes Hellgrau zu erhalten.

Aufgeschlagene Azuki-Ganache

50 g weiße Kuvertüre mit 35 % Kakaogehalt
25 g Vollrahm (Schlagsahne)
3 g Akazienhonig
1 EL Azukipüree
1 EL Granatapfelmelasse
1–2 cm Ingwerwurzel, frisch gerieben
abgeriebene Schale von ½ Limette
75 g Vollrahm (Schlagsahne), kalt

1 Die Kuvertüre im Wasserbad oder in der Mikrowelle schmelzen.
2 Die erste Portion Rahm (25 g) zusammen mit dem Honig bis kurz vors Kochen bringen.
3 Die heiße Rahmmischung in drei Schritten über die Kuvertüre gießen und mit dem Teigschaber unterrühren, bis eine glänzende, glatte Masse entstanden ist.

4 Granatapfelmelasse, Ingwer und Limettenschale zufügen und gut unterrühren.
5 Die zweite Portion Rahm (75 g) unterrühren (eventuell mit dem Stabmixer, dabei keine Luft einarbeiten). Mindestens 3 Stunden oder am besten über Nacht kühl stellen.

Aufgeschlagene schwarze Sesam-Ganache

50 g weiße Kuvertüre mit 35 % Kakaogehalt
25 g Vollrahm (Schlagsahne)
3 g Akazienhonig
1 EL schwarze Sesampaste
75 g Vollrahm (Schlagsahne), kalt

1 Die Kuvertüre im Wasserbad oder in der Mikrowelle schmelzen.
2 Die erste Portion Rahm (25 g) zusammen mit dem Honig bis kurz vors Kochen bringen. Die Sesampaste in der heißen Rahmmischung auflösen.
3 Die heiße Rahmmischung in drei Schritten über die Kuvertüre gießen und mit dem Teigschaber unterrühren, bis eine glänzende, glatte Masse entstanden ist.
4 Die zweite Portion Rahm (75 g) unterrühren (eventuell mit dem Stabmixer, dabei keine Luft einarbeiten). Mindestens 3 Stunden oder am besten über Nacht kühl stellen.

Fertigstellung

Am nächsten Tag die Sesam-Ganache und die Azuki-Ganache mit dem elektrischen Handrührgerät aufschlagen. In zwei Spritzbeutel mit 6-mm-Tülle geben und die Macarons sofort damit füllen.

Macarons mit Litschi-Rosentee

Zubereitung: 15 Minuten am Vortag,
20 Minuten am Backtag
Backzeit: 13–15 Minuten pro Blech

Macarons

Backen Sie die Macarons nach dem Grundrezept Ihrer Wahl. Der Masse 1 Messerspitze johannisbeerrote Lebensmittelfarbe zufügen. Nach dem Backen die flache Unterseite der Macarons mit dem Daumen leicht eindrücken, damit sie sich besser füllen lassen.

Aufgeschlagene Ganache

Bereits am Vortag herzustellen.

40 g Vollrahm (Schlagsahne)
1 EL Litschi-Rosentee
50 g weiße Kuvertüre mit 35 % Kakaogehalt
3 g Akazienhonig
1 Msp. johannisbeerrote Lebensmittelfarbe
75 g Vollrahm (Schlagsahne), kalt

1 Die erste Portion Rahm (40 g) erhitzen und den Litschi-Rosentee 10 Minuten darin ziehen lassen. Abseihen und 25 g davon abmessen.
2 Die Kuvertüre im Wasserbad oder in der Mikrowelle schmelzen.
3 Den aromatisierten Rahm zusammen mit dem Honig erhitzen. Die Lebensmittelfarbe untermischen.
4 Die heiße Rahmmischung in drei Schritten über die Kuvertüre gießen und mit dem Teigschaber unterrühren, bis eine glänzende, glatte Masse entstanden ist.

5 Die zweite Portion Rahm (75 g) unterrühren (eventuell mit dem Stabmixer, dabei keine Luft einarbeiten). Mindestens 3 Stunden oder am besten über Nacht kühl stellen.

Fertigstellung

Am nächsten Tag die Rahmmischung mit dem elektrischen Handrührgerät steif schlagen. In einen Spritzbeutel mit 6-mm-Tülle füllen und die Macarons sofort damit füllen.

Tipps

– Die angegebene Dosierung der Lebensmittelfarbe ist immer nur ein Richtwert und kann je nach der gewünschten Farbintensität angepasst werden.
– Vergessen Sie nicht, die flache Unterseite der Macaronschalen mit dem Finger leicht einzudrücken; sie lassen sich dann einfacher füllen.
– Diese Macarons können nicht sofort nach dem Backen verzehrt werden. Sie müssen mindestens eine Nacht im Kühlschrank ruhen, dabei nicht zudecken, damit sie nicht durchfeuchten und fest bleiben. Anschließend in einer luftdichten Dose im Kühlschrank aufbewahren und 30 Minuten vor dem Verzehr herausnehmen.
– Es gibt sehr viele verschiedene aromatisierte Tees. Mit diesem Grundrezept können Sie Macarons mit Ihrem Lieblingsgeschmack herstellen.

Aprikosen-Passionsfrucht-Macarons

Zubereitung: 20 Minuten 2 Tage vorher,
15 Minuten am Vortag
Backzeit: 13–15 Minuten pro Blech

Macarons

Backen Sie die Macarons nach dem Grundrezept Ihrer
Wahl. Der Masse 1 Messerspitze eierschalenfarbene
Lebensmittelfarbe und eventuell etwas Vanillepulver
zufügen. Nach dem Backen die flache Unterseite der
Macarons mit dem Daumen leicht eindrücken, damit sie
sich besser füllen lassen.

Aprikosen-Passionsfrucht-Konfitüre

2 Tage vorher herzustellen.

300 g entsteinte Aprikosen, in Würfel geschnitten
200 g Passionsfruchtfleisch (von ca. 8–10 Passions-
**   früchten), mit Kernen**
100 g Zucker
Saft von 1 Zitrone
1 Vanillestange, längs halbiert
1½ g Agar-Agar
1 Teelöffel Zucker

1 Die Aprikosenwürfel, das Passionsfruchtfleisch,
Zucker, Zitronensaft und Vanilleschote in einen Topf
geben und bis kurz vors Kochen bringen. Alles in eine
Schüssel umfüllen, mit Frischhaltefolie bedecken und
über Nacht kalt stellen.
2 Am nächsten Tag den Saft durch ein Sieb abgießen;
die Früchte beiseitestellen, die Vanilleschote entfernen.

3 Den Saft auf 115 Grad erhitzen, die Früchte zufügen
und 5–6 Minuten kochen lassen.
4 Das Agar-Agar mit dem Teelöffel Zucker vermischen,
2 Minuten vor dem Ende der Kochzeit über die Konfitüre
streuen und unterrühren. Die Konfitüre in eine Schüssel
umfüllen und abkühlen lassen.

Fertigstellung

Die Konfitüre in einen Spritzbeutel mit 8-mm-Tülle geben
und die Macarons damit füllen.

Tipps

– Das Pürieren der Konfitüre erleichtert das Füllen.
– Die Konfitüre kann auch nur aus Aprikosen zubereitet
  werden. Die Vanilleschote kann durch Rosmarin,
  Thymian oder Lavendel ersetzt werden.
– Für eine Aprikosenkonfitüre ohne Agar-Agar: In einem
  Topf 300 g in Würfel geschnittene Aprikosen mit
  30 g Zucker aufkochen. Sobald es zu köcheln beginnt,
  4 g Pektin NH oder Gelfix, mit 10 g Zucker vermischt,
  einrieseln lassen, 10 g Glukose und 2 Zweige Rosmarin, Thymian oder Lavendel hinzufügen. 10 Minuten
  weiter erhitzen, bis die Aprikosen weich gekocht sind.
  Den Saft von ½ Zitrone zufügen. Die Kräuterzweige
  entfernen.
– Achtung: Diese Macarons sind etwas empfindlicher
  und können weich werden.
– Denken Sie daran, dass die ungefüllten Macaronschalen gut eingefroren werden können. Sie werden
  dann ohne vorheriges Auftauen 48 Stunden oder
  je nach Füllung auch kürzer vor dem Verzehr gefüllt.

Macarons mit schwarzer Johannisbeere und Passionsfrucht

Zubereitung: 15 Minuten am Vortag,
20 Minuten am Backtag
Backzeit: 13–15 Minuten pro Blech

Macarons

Backen Sie die Macarons nach dem Grundrezept Ihrer Wahl. Der Masse rote Lebensmittelfarbe, vermischt mit 1 Messerspitze blauer Lebensmittelfarbe, zufügen. Nach dem Backen die flache Unterseite der Macarons mit dem Daumen leicht eindrücken, damit sie sich besser füllen lassen.

Cassis-Passionsfrucht-Ganache

100 g weiße Kuvertüre mit 35 % Kakaogehalt
50 g Vollrahm (Schlagsahne)
20 g Schwarzes Johannisbeermark
20 g Passionsfruchtmark

1 Die Kuvertüre im Wasserbad oder in der Mikrowelle schmelzen.
2 Den Rahm bis kurz vors Kochen erhitzen.
3 Den heißen Rahm in drei Schritten über die Kuvertüre gießen und mit dem Teigschaber unterrühren, bis eine glänzende, glatte Masse entstanden ist.
4 Die beiden Sorten Fruchtmark zufügen und gut verrühren, eventuell mit dem Pürierstab glatt rühren. Einige Stunden bei Raumtemperatur fest werden lassen.

Fertigstellung

Die Ganache in einen Spritzbeutel mit 6-mm-Tülle geben und die abgekühlten Macarons damit füllen.

Tipps

– Dieses Rezept kann auch mit anderen Fruchtkombinationen, zum Beispiel Aprikose mit Passionsfrucht, Erdbeeren mit Rhabarber, oder nur mit einer Fruchtsorte zubereitet werden, etwa mit Himbeeren oder Erdbeeren.
– Macarons gelingen generell besser, wenn bei ihrer Zubereitung eine möglichst geringe Luftfeuchtigkeit herrscht. Während ihrer Zubereitung sollte daher Wasserdampf in der Küche vermieden werden.

Macarons mit Zitrone und zweierlei Limetten

Zubereitung: 15 Minuten am Vortag,
20 Minuten am Backtag
Backzeit: 13–15 Minuten pro Blech

Macarons

Backen Sie die Macarons nach dem Grundrezept Ihrer Wahl. Der Masse zitronengelbe Lebensmittelfarbe zufügen. Nach dem Backen die flache Unterseite der Macarons mit dem Daumen leicht eindrücken, damit sie sich besser füllen lassen.

Zitronen-Limetten-Creme

1 Ei
60 g Zucker
abgeriebene Schale von 1 Limette
etwas abgeriebene Schale von 1 Kaffirlimette
30 g Limettensaft
30 g Zitronensaft
⅓ Blatt Gelatine, in kaltem Wasser eingeweicht
60 g Butter, in kleinen Würfeln
1 EL gemahlene Mandeln

1 Den Zucker in einer Schüssel mit der abgeriebenen Limetten- und Kaffirlimettenschale vermischen und mindestens 10 Minuten ziehen lassen.
2 Die Eier sowie Limetten- und Zitronensaft mit dem Schneebesen unter die Zuckermischung rühren. Über einem heißen Wasserbad unter fortwährendem Rühren auf 82–84 Grad erhitzen, bis eine dickflüssige Creme entstanden ist. Sobald die Creme andickt, vom Wasserbad nehmen.

3 Die ausgedrückte Gelatine unterrühren.
4 Sobald die Creme auf 40 Grad abgekühlt ist, die Butterwürfel dazugeben und mit dem Stabmixer glatt rühren.
5 Die gemahlenen Mandeln zufügen und die Creme mindestens 2 Stunden im Kühlschrank kalt stellen.

Fertigstellung

Die Creme in einen Spritzbeutel mit 6-mm-Tülle geben und die abgekühlten Macarons damit füllen.

Tipps

– Kaffirlimetten haben ein kräftiges Aroma, daher sollte ihre Schale nur in kleinen Mengen verwendet werden.
– Die Schale der Kaffirlimetten lässt sich gut mit einem Sparschäler dünn abschälen. Die Schale kann im Gefrierschrank aufbewahrt werden; so haben Sie davon immer einen Vorrat zur Hand.
– Die Kaffirlimette können Sie in diesem Rezept auch durch frischen Ingwer ersetzen.
– Durch die Zugabe der gemahlenen Mandeln wird die Creme nicht so feucht.
– Nach diesem Rezept können Sie auch eine Orangencreme herstellen. Dann die Macaronschalen mit orangefarbener Lebensmittelfarbe färben.

Mango-Passionsfrucht-Macarons

Zubereitung: 15 Minuten am Vortag,
20 Minuten am Backtag
Backzeit: 13–15 Minuten pro Blech

Macarons

Backen Sie die Macarons nach dem Grundrezept Ihrer Wahl. Etwas rote und zitronengelbe Lebensmittelfarbe zufügen. Nach dem Backen die flache Unterseite der Macarons mit dem Daumen leicht eindrücken, damit sie sich besser füllen lassen.

Mango-Passionsfrucht-Creme

40 g Zucker
50 g Passionsfruchtmark
50 g Mangomark
2 Eier
⅓ Blatt Gelatine, in kaltem Wasser eingeweicht
50 g Butter, in kleinen Würfeln
1 EL gemahlene Mandeln

1 In einer Schüssel den Zucker mit Passionsfrucht- und Mangomark vermischen. Die Eier mit dem Schneebesen unterrühren. Die Mischung über einem heißen Wasserbad auf 82–84 Grad erhitzen, bis eine dickflüssige Creme entstanden ist. Sobald die Creme andickt, vom Wasserbad nehmen.
2 Die ausgedrückte Gelatine untermischen.
3 Sobald die Creme auf etwa 40 Grad abgekühlt ist, die Butter dazugeben und mit dem Stabmixer glatt rühren.
4 Die Mandeln zufügen und die Creme mindestens 2 Stunden im Kühlschrank kalt stellen.

Fertigstellung

Die Creme in einen Spritzbeutel mit 6-mm-Tülle füllen und die abgekühlten Macarons damit füllen.

Tipps

– Das Mangofruchtfleisch kann durch Aprikosenfruchtfleisch ersetzt werden.
– Die Zugabe der gemahlenen Mandeln sorgt dafür, dass die Creme nicht so feucht wird.
– Das Fruchtmark kann durch die gleiche Menge Fruchtsaft ersetzt werden. In diesem Fall 10 Prozent mehr Zucker verwenden.
– Vorsicht, diese Macarons sind etwas empfindlicher als üblich und weichen leichter durch. Sie sollten deshalb möglichst am Tag ihrer Herstellung gegessen werden.

Macarons mit Mascarponecreme und Himbeer-Paprika-Gelee

Zubereitung: 15 Minuten am Vortag,
20 Minuten am Backtag
Backzeit: 13–15 Minuten pro Blech

Macarons

Backen Sie die Macarons nach dem Grundrezept Ihrer Wahl. 1 Messerspitze himbeerrote Lebensmittelfarbe zufügen. Nach dem Backen die flache Unterseite der Macarons mit dem Daumen leicht eindrücken, damit sie sich besser füllen lassen.

Himbeer-Paprika-Püree

Bereits am Vortag herzustellen.

1 rote Paprika
120 g Himbeerpüree

1 Die Paprika in dem auf höchste Oberhitze vorgeheizten Ofen grillen, bis die Haut sich schwarz verfärbt. Herausnehmen, die Haut abziehen und die Kerne entfernen. Das Fruchtfleisch pürieren.
2 Das Paprikapüree abwiegen oder abmessen; benötigt werden für Mascarponecreme und Gelee 40 g. Das Paprikapüree mit dem Himbeerpüree vermischen.

Himbeer-Paprika-Mascarponecreme

15 g Zucker
2 Eigelb
80 g Vollrahm (Schlagsahne)
1 Blatt Gelatine, in kaltem Wasser eingeweicht
35 g Himbeer-Paprika-Püree
125 g Mascarpone

1 Den Zucker mit den Eigelben vermischen.
2 Den Rahm aufkochen und über die Eigelb-Zucker-Mischung gießen. Wieder auf den Herd stellen und auf 82–84 Grad erhitzen, bis eine dickflüssige Creme (wie eine Englische Creme) entstanden ist.
3 Die ausgedrückte Gelatine und das Himbeer-Paprika-Püree unterrühren und die Creme auf 25 Grad abkühlen lassen.
4 Von der Himbeer-Paprika-Creme 95 g abwiegen.
5 Den Mascarpone mit dem Schneebesen glatt rühren und nach und nach die Creme unterheben. Im Kühlschrank fest werden lassen.

Himbeer-Paprika-Gelee

125 g Himbeer-Paprika-Püree
2 Blatt Gelatine, in kaltem Wasser eingeweicht
30 g Zucker
Saft von ½ Zitrone

1 Etwa ein Viertel des Himbeer-Paprika-Pürees etwas mehr als handwarm erwärmen (45 Grad). Die ausgedrückte Gelatine darin auflösen.

2 Den Zucker, das restliche Himbeer-Paprika-Püree und den Zitronensaft zufügen und alles gut vermischen. Das Gelee auf einer Silikon-Backmatte mit Rand oder in einer anderen passenden Silikonform ausstreichen und bei Raumtemperatur abkühlen lassen. Dann im Kühlschrank oder im Tiefkühler aufbewahren.

Fertigstellung

Die Mascarponecreme in einen Spritzbeutel geben und die Macarons damit füllen. Aus dem Gelee mit einem Ausstecher Scheiben in der Größe der Macarons ausstechen, auf die Creme legen und die Macarons zusammensetzen. Im Kühlschrank aufbewahren.

Tipps

– Aus der übrig gebliebenen Englischen Creme lässt sich ein Dessert herstellen: Dazu die Creme in Dessertgläser füllen und mit kleinen Macaronstücken dekorieren.

– Die Farbe der Englischen Creme kann durch etwas himbeerfarbene Lebensmittelfarbe verstärkt werden.

– Dieses Rezept kann auch mit einer Erdbeer-Basilikum-Füllung, mit Himbeeren oder mit Passionsfrüchten hergestellt werden.

– Vorsicht, diese Macarons sind etwas empfindlicher als üblich und weichen leichter durch. Sie sollten deshalb möglichst am Tag ihrer Herstellung gegessen werden.

Limettengrüne-himbeerrote Macarons

Zubereitung: 15 Minuten am Vortag,
20 Minuten am Backtag
Backzeit: 13–15 Minuten pro Blech

Macarons

Backen Sie die Macarons nach dem Grundrezept Ihrer
Wahl. Je 1 Messerspitze himbeerrote und apfelgrüne
Lebensmittelfarbe zufügen. Beim Grundrezept mit Italienischer Meringue wird die Masse halbiert: Eine Hälfte
apfelgrün, die andere himbeerrot einfärben. Beim Rezept
ohne Italienische Meringue die grüne und die rote Masse
getrennt herstellen: aus jeweils 45 g Eiweiß, 15 g Zucker,
60 g gemahlenen Mandeln und 110 g Puderzucker.
Die fertigen Massen jeweils in einen Spritzbeutel ohne
Tülle und ohne Loch füllen. Anschließend die Spitze der
beiden Beutel vorsichtig schräg abschneiden und beide
Massen gleichzeitig in einen Spritzbeutel mit Tülle laufen
lassen. Nun mit der zweifarbigen Masse wie üblich die
Macarons auf das Blech dressieren und backen. Noch
nicht verbrauchte Macaronmasse im Spritzbeutel lassen
und erst kurz vor dem Backen aufspritzen.
Nach dem Backen die flache Unterseite der Macarons
mit dem Daumen leicht eindrücken, damit sie sich besser
füllen lassen.

Aufgeschlagene Himbeer-Rosen- und Limetten-Ganache

Bereits am Vortag herzustellen.

50 g weiße Kuvertüre mit 35 % Kakaogehalt
25 g Vollrahm (Schlagsahne)
3 g Akazienhonig
20 g Himbeermark
75 g Vollrahm (Schlagsahne), kalt
2 Tropfen Rosenaroma

1 Die weiße Kuvertüre im Wasserbad oder in der Mikrowelle schmelzen.
2 Die erste Portion Rahm (25 g) mit dem Honig aufkochen.
3 Die heiße Rahmmischung in drei Schritten über die
Kuvertüre gießen und mit dem Teigschaber unterrühren,
bis eine glänzende, glatte Masse entstanden ist.
4 Das Himbeermark zufügen.
5 Die zweite Portion Rahm (75 g) unterrühren (eventuell
mit dem Stabmixer, dabei aber keine Luft einarbeiten).
Das Rosenaroma zufügen. Mindestens 3 Stunden oder
am besten über Nacht kühl stellen.

Die Limetten-Ganache genauso zubereiten. Nach dem
Unterrühren des kalten Rahms die abgeriebene Schale
von 1 Limette zufügen. Kalt stellen.

Fertigstellung

Am nächsten Tag beide Ganache-Massen mit dem elektrischen Handrührgerät aufschlagen. Zum Füllen wie bei der Macaronmasse verfahren: Die rote und die grüne Ganache jeweils in einen Spritzbeutel ohne Tülle und ohne Loch füllen. Anschließend die Spitze beider Beutel vorsichtig schräg abschneiden und beide Massen gleichzeitig in einen Spritzbeutel mit Tülle laufen lassen. Die Macarons damit füllen.

Tipps

– Sie können auch zwei klassische Ganaches mit Himbeer- und Limettengeschmack herstellen; diese sind dann etwas süßer.
– Um Zeit zu sparen, können Sie statt zweifarbiger Macarons beide Massen auch separat zu einfarbigen roten und grünen Macarons aufspritzen und beim Zusammensetzen dann wechselweise grüne und rote Macarons verwenden.

Minz-Macarons mit Knusperperlen

Zubereitung: 15 Minuten am Vortag,
20 Minuten am Backtag
Backzeit: 13–15 Minuten pro Blech

Macarons

Backen Sie die Macarons nach dem Grundrezept Ihrer Wahl. Grüne Lebensmittelfarbe mit 1 Messerspitze gelber Lebensmittelfarbe mischen und die Masse damit färben. Die Macaronschalen vor dem Backen mit Schokoladenstreuseln oder nach dem Backen mithilfe einer Spritze mit dünnen Linien aus temperierter Schokolade dekorieren. Nach dem Backen die flache Unterseite der Macarons mit dem Daumen leicht eindrücken, damit sie sich besser füllen lassen.

Aufgeschlagene Minz-Ganache

Bereits am Vortag herzustellen.

6 g frische Minzeblätter
75 g Vollrahm (Schlagsahne), kalt
50 g weiße Kuvertüre mit 35 % Kakaogehalt
25 g Vollrahm (Schlagsahne)
3 g Akazienhonig
1 Msp. minzgrüne Lebensmittelfarbe
1 EL Minzlikör (fakultativ)
Knusperperlen als Garnitur

1 Die Minzeblätter 30 Minuten in dem kalten Rahm ziehen lassen. Durch ein Sieb gießen.
2 Die weiße Kuvertüre im Wasserbad oder in der Mikrowelle schmelzen.

3 Die zweite Portion Rahm (25 g) zusammen mit dem Honig aufkochen.
4 Die heiße Rahmmischung in drei Schritten über die Kuvertüre gießen und mit dem Teigschaber unterrühren, bis eine glänzende, glatte Masse entstanden ist.
5 Den kalten, aromatisierten Rahm und die Lebensmittelfarbe unterrühren (eventuell mit dem Stabmixer, dabei aber keine Luft einarbeiten).

Fertigstellung

Am nächsten Tag den Minzlikör zufügen. Die Ganache mit dem elektrischen Handrührgerät steif schlagen. Die Creme in einen Spritzbeutel mit 6-mm-Tülle füllen und die abgekühlten Macarons damit füllen. Vor dem Zusammensetzen jeweils 3 Knusperperlen hinzufügen.

Tipps

– Anstelle der Minze können für dieses Rezept auch die Blätter von Zitronenverbene, Melisse oder Basilikum oder auch ätherische Öle verwendet werden.
– Der Alkohol kann weggelassen werden. Oder statt des Minzlikörs können auch andere Liköre wie zum Beispiel der Kräuterlikör Chartreuse verwendet werden.
– Als Dekor für die Macaronschalen eignet sich auch grün gefärbter Zucker. Dieser kann auch selbst hergestellt werden: Dazu eine kleine Schüssel zur Hälfte mit Kristallzucker füllen, einige Tropfen grüne Lebensmittelfarbe zufügen, gut verrühren und vor dem Gebrauch trocknen lassen.

Aprikosen-Sauerkirsch-Macarons
mit Pistazien-Crème-brûlée

Zubereitung: 15 Minuten am Vortag,
20 Minuten am Backtag
Backzeit: 13–15 Minuten pro Blech

Macarons

Backen Sie die Macarons nach dem Grundrezept Ihrer
Wahl. Etwas pistaziengrüne Lebensmittelfarbe zufügen.
Die Macaronschalen vor dem Backen mit gehackten
Pistazien bestreuen oder nach dem Backen mit einem
Pinsel mit roter oder eidottergelber Lebensmittelfarbe
bestreichen. Nach dem Backen die flache Unterseite der
Macarons mit dem Daumen leicht eindrücken, damit
sie sich besser füllen lassen.

Pistazien-Crème-brûlée

Bereits am Vortag herzustellen. Die Menge reicht für eine
Silikonform mit 48 Mini-Halbkugeln à 6 ml.

125 g Vollrahm (Schlagsahne)
20 g Zucker
1 Blatt Gelatine, in kaltem Wasser eingeweicht
50 g Eigelb (2 große oder 3 kleine)
1 gehäufter EL Pistazienpaste
einige Aprikosen und Sauerkirschen, entsteint und klein
    gewürfelt bzw. halbiert

1 Ein Drittel des Rahms mit dem Zucker erhitzen, die
ausgedrückte Gelatine zufügen und gut unterrühren.
2 Die Eigelbe und den restlichen Rahm unterrühren, die
Masse falls nötig mit dem Stabmixer glatt rühren.

3 In die Hälfte der Halbkugelformen kleine Aprikosenwürfel, in die andere Hälfte die halbierten Sauerkirschen
legen. Die Macaronmasse einfüllen und im vorgeheizten
Ofen bei 95 Grad 20 Minuten backen.
4 Herausnehmen, abkühlen lassen und anschließend
tiefkühlen.

Fertigstellung

Jeweils eine tiefgefrorene Crème-brûlée-Kugel zwischen
zwei Macaronschalen setzen. Die fertigen Macarons bis
zum Verzehr kühl aufbewahren.

Tipps

– Bei diesem Rezept können Sie Ihrer Fantasie freien
  Lauf lassen: Ersetzen Sie das Pistazienpüree zum
  Beispiel durch 40 g Mangopüree und die Aprikosen-
  würfel durch Mangowürfel.
– Würzen Sie die Crème brûlée mit Safran. Dazu Safran-
  fäden im Rahm ziehen lassen und etwas abgeriebene
  Zitronenschale zufügen.
– Die Crème-brûlée-Halbkugeln können problemlos
  mehrere Wochen im Tiefkühler aufbewahrt werden.

Knusprige Praliné-Macarons

Zubereitung: 30 Minuten
Backzeit: 13–15 Minuten pro Blech

Macarons

Backen Sie die Macarons nach dem Grundrezept Ihrer Wahl. Etwas braune Lebensmittelfarbe zufügen. Die Macaronschalen vor dem Backen mit Hippenbröseln bestreuen. Nach dem Backen die flache Unterseite der Macarons mit dem Daumen leicht eindrücken, damit sie sich besser füllen lassen.

Knusprige Pralinémasse

20 g dunkle Kuvertüre mit 70 % Kakaogehalt
50 g Pralinémasse
40 g Hippenbrösel

1 Die Kuvertüre im Wasserbad schmelzen. Die Pralinémasse zufügen, mit dem Teigschaber gut verrühren und dann die Hippenbrösel unterheben.
2 Die Masse auf ein Silikon- oder Backpapier geben, mit einer zweiten Lage Silikon- oder Backpapier bedecken und mit dem Rollholz gleichmäßig ausstreichen. Im Kühlschrank fest werden lassen.
3 Aus der fest gewordenen Masse mit einer Ausstechform in der Größe der Macaronschalen kleine Scheiben ausstechen und in einer luftdicht verschlossenen Dose aufbewahren.

Guanaja-Ganache

50 g dunkle Kuvertüre mit 70 % Kakaogehalt
40 g Vollrahm (Schlagsahne)
4 g Honig
4 g Butter, weich

1 Die Kuvertüre im Wasserbad oder in der Mikrowelle schmelzen.
2 Den Rahm mit dem Honig kurz aufkochen.
3 Die heiße Rahmmischung in drei Schritten über die Kuvertüre gießen und mit dem Teigschaber unterrühren, bis eine glänzende, glatte Masse entstanden ist. Diese auf etwa 40 Grad abkühlen lassen.
4 Die weiche Butter unter die abgekühlte Masse rühren. Diese direkt mit Frischhaltefolie bedecken und bei Raumtemperatur fest werden lassen.

Fertigstellung

Die Schokoladen-Ganache in einen Spritzbeutel geben und auf die abgekühlten Macarons dressieren. Jeweils eine knusprige Pralinéscheibe darauflegen und die Macarons zusammensetzen. Gekühlt aufbewahren.

Tipps

– Diese Macarons können auch ohne Lebensmittelfarbe zubereitet werden, in diesem Fall werden sie vor dem Backen mit Hippenbröseln und/oder mit Kakaopulver bestreut.
– Das knusprige Praliné kann problemlos am Vortag zubereitet werden.

Macarons mit Füllung aus dem Küchenschrank

Nur im Notfall zu verwenden!
Zubereitung: 5 Minuten

Macarons
Verwenden Sie bereits fertige oder auf Vorrat hergestellte Macaronhalbschalen, die Sie nach dem Grundrezept Ihrer Wahl und mit der passenden Lebensmittelfarbe gebacken haben. Nach dem Backen die flache Unterseite der Macarons mit dem Daumen leicht eindrücken, damit sie sich besser füllen lassen.

Füllungen
1 Becher Mascarpone
Nougatcreme, Maronencreme, Nutella, Pistazienpaste, Karamellcreme oder, wer es richtig französisch mag, Calisson-Creme oder andere Cremen nach Belieben

Mascarpone-Nougat-Creme:
50 g Mascarpone und 50 g Nougatcreme mit dem Schneebesen verrühren.

Mascarpone-Calisson-Creme:
50 g Mascarpone und 50 g Calisson-Creme mit dem Schneebesen verrühren. Eventuell einige Miniwürfelchen einer entsteinten reifen Aprikose zufügen.

Nach demselben Prinzip kann eine Füllung aus Mascarpone und Nutella oder Mascarpone und Maronencreme zubereitet werden. Dabei können kleine Stücke kandierter Maronen (Marrons glacés) und 1 Teelöffel Rum oder Armagnac zugefügt werden. Oder Sie aromatisieren den Mascarpone mit Pistazienpaste oder Schwarzer Sesampaste usw.

Diese Macarons müssen schnell verzehrt werden.

Wenn es nicht klappt

Im Folgenden erhalten Sie Antwort auf einige Fragen oder Probleme, die beim Backen von Macarons auftauchen können.

Grundsätzlich ist es wichtig, jeden einzelnen Arbeitsschritt ganz genau zu befolgen, das ist die Voraussetzung für ein gutes Gelingen der Macarons. Trotzdem kann es zu folgenden Problemen kommen:

Die Macarons weisen Risse auf
– Beim Mischen der Masse wurde Luft eingearbeitet. Wenn Sie eine Küchenmaschine haben, versuchen Sie die Macaronmasse mit dem Flachrührer bei kleiner Geschwindigkeit herzustellen, anstatt mit dem Teigschaber von Hand.
– Sie haben zu stark an das Blech geklopft, um die Masse gleichmäßig zu verteilen, dabei ist Luft eingedrungen. Wenn Sie an das Blech klopfen, dann mit größter Vorsicht.
– In der Küche herrschte eine zu hohe Luftfeuchtigkeit. Vermeiden Sie die Bildung von Wasserdampf, während Sie Macarons herstellen.
– Wenn Sie jeweils nur ein Blech im Backofen backen, bewahren Sie die restliche Masse im Spritzbeutel auf und dressieren Sie sie erst kurz vor dem Backen auf das Blech.
– Damit allenfalls beim Backen entstehender Dampf gut abziehen kann, lohnt sich eventuell der Versuch, einen Holzlöffel in den Türspalt des Backofens zu klemmen.

– Wenn alle anderen Ratschläge nichts geholfen haben, können Sie versuchen, die Macarons vor dem Backen einige Stunden stehen zu lassen, damit sich eine Kruste bildet.
– Bedenken Sie auch, dass bei sommerlicher Hitze die Macarons möglicherweise ungleichmäßig aufgehen. Dann bereiten Sie sie am besten möglichst früh am Morgen zu.

Die Macarons fallen nach dem Backen zusammen
– Sie haben kein gelagertes Eiweiß verwendet, das heißt Eigelb und Eiweiß wurden nicht schon einige Tage vor dem Backen getrennt.
– Das Eiweiß hatte nicht Raumtemperatur.
– Das Eiweiß wurde zu schnell aufgeschlagen. Außerdem: Damit der Eischnee eine gute Struktur erhält, muss der Zucker unbedingt in kleinen Portionen nach und nach zugefügt werden.
– Der Eischnee war zu steif. Beim Herausziehen des Schneebesens muss die Eischneespitze leicht umsinken, sich leicht biegen.

Die Macarons haben keine »Füßchen«
– Die Macaronmasse wurde zu stark gerührt und ist zu flüssig.
– Zu viel flüssige Lebensmittelfarbe hat die Konsistenz der Masse verändert.
– Das Vorgehen beim Dressieren mit dem Spritzbeutel war ungeschickt. Das gilt vor allem für Rezepte mit Italienischer Meringue, bei der ein regelmäßiges Aufspritzen besonders wichtig ist.

– Sie haben das Blech mit den Macarons nicht auf ein zweites vorgeheiztes Blech gestellt. Das heiße Blech fördert die Bildung eines »Füßchens«.

Die Macarons sind schief
– Durch ungleiche Hitzeverteilung kann es beim Backen passieren, dass die Macarons auf einer Seite mehr aufgehen als auf der anderen. Das ist nicht schlimm, meist genügt es, das Blech während der Backzeit umzudrehen, und schon gehen die Macarons gleichmäßig auf.

Die Macarons sind nicht glatt
– Die Mandel-Puderzucker-Mischung wurde nicht ausreichend gemixt und/oder gesiebt.

Die Macarons glänzen nicht
– Verwenden Sie qualitativ hochwertige Lebensmittelfarbe, wenn möglich in Pulver- oder Pastenform.
– Macarons mit Italienischer Meringue gelingen meist besser.

Die Macarons sind nicht gleichmäßig groß
– Verwenden Sie zum Aufdressieren eine Vorlage, vor allem wenn Sie im Umgang mit dem Spritzbeutel noch ungeübt sind.

Die Macarons haben in der Mitte eine kleine Spitze
– Die Masse wurde zu wenig gerührt, sie ist zu fest. Die Macaronmasse muss zähflüssig sein.

Die Macarons zerfließen beim Aufdressieren
– Die Masse wurde zu stark gerührt, sie ist zu flüssig. Die Macaronmasse muss zähflüssig sein.
– Es wurde zu viel flüssige Lebensmittelfarbe verwendet.

Die Macarons sind hohl
– Die Macaronmasse hat nicht die richtige Konsistenz.
– Die Backzeit ist zu kurz. Lassen Sie die Macarons 1 Minute länger backen.

Die Macarons kleben am Papier fest
– Verwenden Sie Silikonpapier oder Papier mit Antihaftbeschichtung. An Pergamentpapier kleben die Macarons fest.
– Vielleicht ist die Backzeit zu kurz. Haben Sie Geduld beim Ausprobieren Ihres Backofens.

Außerdem
– Es kann sein, dass die Qualität der gemahlenen Mandeln je nach der Ernte unterschiedlich ist, manchmal enthalten sie mehr Fett. In diesem Fall müssen Sie dem Grundrezept 10 g Eiweiß zufügen, damit die Masse weicher wird.

Verlieren Sie nicht den Mut! Die Herstellung von Macarons ist zwar nicht ganz einfach, aber mit etwas Übung gut zu bewältigen. Und welch eine Freude, wenn sie perfekt gelingen und Sie sagen können: »Diese Macarons habe ich selbst gemacht!«

Glossar

Küchentechnik und Werkzeug

Abkürzungen: EL = Esslöffel, TL = Teelöffel,
Msp. = Messerspitze

Aufschlagen: Das Volumen einer Masse (z. B. auch von Butter) durch Rühren mit dem Schneebesen vergrößern.

Emulgieren: Mit dem Schneebesen, der Küchenmaschine oder dem Teigschaber zwei Flüssigkeiten vermischen, die sich nicht von selbst vermischen würden, zum Beispiel Wasser und Öl.

Flachrührer: Zusammen mit Schneebesen und Knethaken Teil des üblichen Zubehörs von Küchenmaschinen. Dieser Ansatz wird dazu verwendet, (oft aus Butter und/oder Zucker) eine glatte, homogene Mischung herzustellen, ohne dass in die Masse zu viel Luft eingearbeitet wird.

Frischhaltefolie direkt auflegen: Eine direkt auf eine Creme oder eine andere Masse aufgelegte Frischhaltefolie dient dazu, den Kontakt mit der Luft zu verhindern, um Kondensation und Hautbildung zu vermeiden.

Ganache: Eine Mischung aus weißer oder schwarzer Schokolade bzw. Kuvertüre, Rahm (Sahne) und/oder Butter, meist mit Gewürzen, Früchten oder Kaffee aromatisiert. Verwendet zum Füllen von Macarons, als Pralinenfüllung, als Überzugsmasse, zum Dressieren oder auch für Desserts.

Krustenbildung: Oft wird geraten, die aufgespritzten Macarons bei Raumtemperatur ruhen zu lassen, damit sie fest werden und sich dabei auf der Oberfläche eine Art feine Kruste bildet. Nach meiner Erfahrung ist dies nicht unbedingt notwendig, höchstens dann, wenn bei hoher Luftfeuchtigkeit gearbeitet wird. Dann müssen die Macarons mindestens 1 Stunde ruhen.

Masse: Mischung der Zutaten, die die Basis für ein Rezept bilden.

Microplane-Reibe: Die neue Generation von Reiben, die besten kommen aus Amerika. Über das Internet oder im Fachgeschäft erhältlich.

Rösten: Vor allem gemahlene Mandeln oder Nüsse, gelegentlich aber auch Kaffeepulver, Trockenfrüchte usw. werden im Backofen geröstet, damit sie trockener werden, der Geschmack verstärkt und überschüssiges Fett entfernt wird.

Schlagschüssel: Eine Schüssel aus Edelstahl mit rundem Boden, die sich besonders gut zum Schlagen von Eischnee eignet.

Sieben: Mehl, Kakao oder eine Mandel-Puderzucker-Mischung durchsieben, um sämtliche Krümel oder Klümpchen zu entfernen.

Silikonformen/-matten: Für Temperaturen zwischen – 40 und + 280 Grad verwendbare flexible Kunststoffformen in verschiedensten Größen und Ausführungen. Sie müssen nicht gefettet werden, und das Gebäck lässt sich leicht aus der Form lösen.

Silikonpapier: Beidseitig beschichtetes Papier mit Antihaft-Wirkung. Es ist fett- und hitzebeständig und kann mehrmals verwendet werden.

Spritzbeutel: Es gibt wiederverwendbare Spritzbeutel aus beschichtetem, wasserdichtem Gewebe, besser sind aber Wegwerfbeutel. Sie dienen zum Dressieren von verschiedensten Massen und Teigen (Macarons, Mousse, Windbeutel, Eclairs, Schlagrahm und vieles mehr).

Thermometer: Backthermometer mit Sonde oder Zuckerthermometer dienen dazu, Zubereitungen wie Zuckersirup, Gelees oder Massen ganz präzise zu erhitzen bzw. zu kochen; Schokolade kann damit ganz genau temperiert werden.

Tülle, glatt oder sternförmig: Ansatz für den Spritzbeutel, in verschiedenen Formen und Größen erhältlich.

Umluft oder Intervall: Backofenfunktionen, die für die Herstellung von Patisserie besonders gut geeignet sind.

Waage: Am besten eignet sich eine elektronische grammgenaue Waage. Perfektionisten können sich auch Präzisionswaagen mit einer Genauigkeit von 0,01 Gramm kaufen.

Wasserbad: Indirektes Erhitzen eines Lebensmittels. Eine Schüssel auf einen Topf mit kochendem oder leicht köchelndem Wasser setzen. Die Schüssel darf das Wasser nicht berühren.

Weichmachen von Butter: Butter bei Raumtemperatur weich werden lassen, sodass sie eine cremige Konsistenz hat, aber keinesfalls geschmolzen sein darf.

Glossar

Produkte

Agar-Agar: Pflanzliches Geliermittel, das anstelle von Gelatine verwendet werden kann. Wird durch Dehydrierung von Algen gewonnen.

Aromen: Es gibt eine Fülle verschiedener Aromen, Frucht-, Blüten-, Gewürzaromen. Verwenden Sie möglichst immer Aromen natürlichen Ursprungs oder allenfalls naturidentische.

Ätherische Öle: Verwenden Sie ätherische Öle für Lebensmittel, möglichst aus biologischer Herstellung, um Cremen und Ganache auf originelle Weise zu aromatisieren.

Azukipaste: Paste aus roten Bohnen, die in Japan gerne für Nachspeisen verwendet wird. Sie ist in asiatischen Lebensmittelgeschäften erhältlich.

Backzucker: Speziell feinkörniger weißer Zucker (zwischen Kristall- und Puderzucker), der sich dadurch in Teigen und anderen Massen besonders gut auflöst bzw. sich mit den anderen Zutaten vermischt. Im Supermarkt erhältlich.

Butter, gesalzene: Butter mit unterschiedlichem Salzgehalt ist fertig im Handel erhältlich, lässt sich aber auch einfach selbst herstellen. In Frankreich hat »Beurre demi-sel« einen Salzgehalt von 0,5–3 %, »Beurre salé« einen solchen von über 5 %. Hier ist die Verwendung von Ersterer zu empfehlen.

Calisson-Creme: Konfiserieprodukt aus rund 44 Prozent gemahlenen Mandeln, 43 Prozent kandierten Früchten sowie Aprikosen- und Melonensirup.

Cremepulver oder Puddingpulver: Werden zum Eindicken von Speisen oder Cremen verwendet, sie können durch Speisestärke (Mondamin) ersetzt werden.

Ei, Gewicht: Das Durchschnittsgewicht eines Eis beträgt 50–55 g, davon entfallen etwa 20 g auf das Eigelb und 30–35 g auf das Eiweiß. Für die Herstellung von Macarons empfiehlt es sich jedoch wie bei allem Feingebäck die Menge genau abzuwiegen.

Eiweiß, gelagert: Für das perfekte Gelingen von Meringue, Macarons und anderem Feingebäck ist es empfehlenswert, die Eier mehrere Tage vor dem Backen in Eiweiß und Eigelbe zu trennen und das Eiweiß separat im Kühlschrank aufzubewahren. Für eine Lagerung über einer Woche kann man das Eiweiß auch einfrieren; dann 48 Stunden vor der Verwendung im Kühlschrank auftauen lassen. Das Eiweiß für die Herstellung von Meringue bzw. Macarons am Vortag aus dem Kühlschrank nehmen und Raumtemperatur annehmen lassen. (Siehe auch Seite 14.)

Eiweißpulver: Kann in kleiner Menge dem Zucker zuge-fügt werden, der Eischnee bleibt dadurch stabiler. Die Verwendung ist jedoch fakultativ.

Fruchtmark, Fruchtpüree: Gibt es bereits fertig pasteu-risiert oder tiefgekühlt (mit etwa 10 Prozent Zuckeranteil) zu kaufen. Eignet sich zur Herstellung von Fruchtgelee, kann aber auch zum Aromatisieren von Cremen und Ganache verwendet werden.

Gelatine: Dient dazu, Zubereitungen Konsistenz und Halt zu verleihen. Sie ist tierischen Ursprungs (von Schwein oder Rind) und in Form durchsichtiger Blätter erhältlich; ein Blatt wiegt 2 Gramm. Gelatineblätter immer etwa 20 Minuten in reichlich kaltem Wasser einweichen, dann ausdrücken und in einer warmen bzw. erwärmten Flüs-sigkeit oder Masse auflösen.

Gianduja: Mischung italienischen Ursprungs aus Zucker, Kakao (mindestens 32 Prozent), gerösteten Haselnüssen (20 bis 40 Prozent), eventuell auch Walnüssen und Man-deln, alle Zutaten sehr fein vermahlen und anschließend gemischt.

Glukosesirup: Wird aus Stärke gewonnen. Er ist trans-parent und wird häufig für feine Süßwaren und Gebäcke verwendet.

Granatapfelmelasse: Ein dickflüssiger Sirup mit leicht säuerlichem Geschmack, der durch Einkochen des Granatapfelsaftes gewonnen wird. In der libanesischen Küche häufig verwendet.

Hippenbrösel: Auch Pailleté feuilletine oder Eclat d'or genannt, sind feine, knusprige Brösel, hergestellt aus bretonischen Waffeln. Sie eignen sich ideal für Pralinen, Füllungen, Cremen oder Süßspeisen und bewahren, unter eine Masse gemischt, ihre Knusprigkeit. Im Patis-serie-Fachhandel erhältlich (z. B. von Callebaut).

Honig: Für Backwaren sollte ein möglichst neutraler Honig mit einem diskreten Aroma verwendet werden, wie zum Beispiel Akazienhonig, Zitronen- oder Orangen-honig.

Kakaobohnensplitter: Aus gerösteten, zerstoßenen und geschälten Kakaobohnen hergestellte kleine Splitter mit intensivem Kakaogeschmack. Gemahlen werden sie als Kakaopaste bezeichnet. Im Patisserie-Fachhandel (Internet, z. B. Bosfood) erhältlich.

Knusperperlen: Mit Schokolade umhüllte kleine Perlen mit einem knusprigen Kern. In der Backwarenabteilung des Supermarkts erhältlich.

Kubebenpfeffer, Szechuanpfeffer: Pfeffersorten, die sich gut mit süßen Zubereitungen kombinieren lassen.

Kuvertüre: Hochwertige Schokoladengrundmasse, die als Ausgangsprodukt für Überzüge, Füllungen, Pralinen und viele andere schokoladehaltige Produkte dient. (Siehe auch Seite 13.)

Lebensmittelfarbe: Ist in Pulver- oder Pastenform erhältlich. Für Macarons ist die Pulverform zu bevorzugen.

Lebkuchengewürz: Ist als fertige Mischung im Supermarkt erhältlich, kann aber auch gut selbst hergestellt werden, zum Beispiel aus Zimt, Nelken, Piment, Koriander, Ingwer, Kardamom und Muskatnuss oder Macis.

Meringue: Auch Baiser genannt. Zubereitung aus Eischnee und Zucker, einer der Grundbestandteile von Macarons. Italienische Meringue besteht aus steif geschlagenem Eiweiß, dem Zuckersirup mit einer bestimmten Temperatur zugefügt wird. Französische Meringue ist steif geschlagenes Eiweiß, dem normaler Zucker zugefügt wird.

Milch: Für die Patisserie ist frische Vollmilch zu bevorzugen. Bei ultrahocherhitzter Milch (H-Milch, UHT-Milch) werden durch den Sterilisierungsprozess die Milchsäurebakterien zerstört; die Milch erhält dadurch einen unangenehmen Nachgeschmack. Mit frischer pasteurisierter Vollmilch werden Cremen zart schmelzend und die Osmose zwischen Eiern und Milchsäurebakterien verleiht ihnen ein gutes Aroma.

Nonpareilles: Kleine, stecknadelkopfgroße, gefärbte, rote oder weiße Zuckerperlen. In der Backwarenabteilung des Supermarkts erhältlich.

Nougatcreme: Als süßer Brotaufstrich in Supermärkten oder im Fachhandel zu kaufen. Bekanntestes Handelsprodukt ist Nutella.

Piment d'Espelette: In der Gegend um Espelette, in den französischen Pyrenäen, heimische mittelscharfe Chilisorte. Das daraus hergestellte gleichnamige Chilipulver schmeckt sehr aromatisch, fruchtig-süß mit leicht rauchiger Note; er ist milder als Cayennepfeffer und feuriger als ungarischer Paprika.

Pektin, gelb (Pectine jaune): Pektinmischung auf pflanzlicher Basis. Ein langsam wirkendes Geliermittel, das meist in der Confiserie, für Fruchtgelee und feste Füllungen für Gebäck verwendet wird. Im Patisserie-Fachhandel (Internet, z. B. Bosfood) erhältlich.

Pektin NH (Nappage): Geliermittel auf Fruchtmarkbasis, das thermoreversibel ist, das heißt, es kann wieder erhitzt werden und verfestigt sich dann erneut. Es ist universal einsetzbar, besonders geeignet für gelierten Überguss und Füllungen mit Fruchtfleisch oder -mark. Im Patisserie-Fachhandel (Internet, z. B. Bosfood) erhältlich.

Pflaumenkernöl: Diese Rarität unter den Ölsorten wird aus Pflaumenkernen (z .B. aus französischen Agen-Pflaumen) gewonnen.

Pistazienöl: Tief dunkelgrünes, nach frischen grünen Pistazien duftendes Öl mit kräftigem Geschmack; es muss daher vorsichtig dosiert werden.

Pistazienpaste: Sie kann den verschiedenen Massen für Gebäck, Eiscreme, Ganache oder Cremen zugefügt werden.

Pralinémasse (Nussnougat): Hochwertige Grundmasse aus gerösteten Haselnüssen und Mandeln sowie Zucker, die sich ideal für Füllungen von Gebäck und Pralinen eignet. Im Patisserie-Fachhandel (Internet, z. B. Bosfood oder Gourmet-Versand) erhältlich. (Siehe auch Seite 29.)

Rahm/Sahne: Für die Herstellung von Macarons empfiehlt sich die Verwendung von pasteurisiertem Vollrahm bzw. vollfetter Schlagsahne mit einem Fettgehalt von 30 bis 35 Prozent. Keine fettreduzierten Produkte verwenden; diese lassen sich schlechter aufschlagen.

Salidou: Karamellcreme mit gesalzener Butter aus der Bretagne. Im Internet-Fachhandel erhältlich (z. B. bei www.wiegottinfrankreich.eu oder www.madame-gourmet.de).

Schwarze Sesampaste: In Asien, vor allem Japan, beliebte Zubereitung aus geröstetem schwarzem Sesam, die Cremen und Eiscreme auf originelle Weise aromatisiert. Sie ist reich an Vitamin B und E. Im Asiahandel erhältlich.

Sirupe mit verschiedenen Aromen: Sie sind zwar oft etwas zu süß, aber praktisch zum Süßen von manchen Zubereitungen.

Tonkabohne: Mandelförmiger Samen des im Norden Südamerikas und in der Karibik heimischen Tonkabaumes. Tonkabohnen sind sehr hart und werden am besten auf der Muskatreibe gerieben; sie schmecken süßlich, leicht nach Vanille und Heu. Als Gewürz sparsam in Desserts, Kuchen und Gebäck zu verwenden. Für Zubereitungen auf Rahm- oder Milchbasis kocht man die Bohnen etwa 10 Minuten darin aus (sie können so bis zu zehnmal wiederverwendet werden).

Dank

Mein Dank geht an folgende Einrichtungen und Personen:

Ecole du Grand Chocolat Valrhona, an Frédéric Bau und sein Team, die mir halfen, die Welt der modernen Patisserie kennenzulernen.

Julie Haubourdin, die schuld ist an meiner Macaron-Sucht!

Die Leser meines Blogs, die mich durch ihre zahlreichen Fragen und begeisterten Kommentare motiviert haben und den Anstoß zu diesem Buch gaben.

Sarah Molina und Yann Derrien, meine Verleger, die mich zu diesem Abenteuer mitgenommen haben, und die immer ein offenes Ohr für mich hatten.

Sigrid Verbert für ihre wertvolle künstlerische Arbeit und dafür, dass sie immer zur Verfügung stand.

In Erinnerung an die vier Sommertage, als wir die Macarons von allen Seiten und in allen möglichen Inszenierungen fotografierten, gilt mein besonderer Dank meiner Nachbarin (für die Blüten, die ich in ihrem Garten stibitzt habe), meinem Nachbarn, Käsehersteller und großer Sammler (für die kleine Milchflasche aus vergangenen Zeiten), der Katze Dylan (die nach Lust und Laune mal stoisch über das Foto-Shooting wachte und dann wieder im unpassendsten Moment meine schönsten Inszenierungen zu verwüsten drohte), Sarah, meiner Herausgeberin, die kurzfristig zur Tischdeckenbüglerin wurde und natürlich Sigrid, unserer Fotografin, die sich in heldenhafter Weise geopfert hat, um alle Macarons zu testen!

Die Autorin

Mercotte   Köchin aus Leidenschaft und vor allem der süßen Küche zugetan, ist in Frankreich durch ihren stark beachteten Foodblog »La cuisine de Mercotte« und ihre Fernsehauftritte (vor allem als Jurorin der Backsendung »Le Meilleur Pâtissier«) sehr bekannt. Daneben ist sie in einer täglichen kulinarischen Radiokolumne zu hören. Als Autodidaktin kennt sie die Bedürfnisse des breiten Kochpublikums und hat sich zum Ziel gesetzt, Rezepte zu schaffen, die für jeden und jede problemlos nachvollziehbar sind und einen sicheren Erfolg garantieren. Durch ihren Blog ist sie in ständigem Austausch mit ihrer Leserschaft und nimmt deren Fragen und Anliegen auch in ihren Rezepten auf. Ihre klaren, detaillierten und gut nachvollziehbaren Rezepte sind ihr Markenzeichen.

www.mercotte.fr

Die Originalausgabe dieses Buches ist unter dem
Titel »Solution Macarons« © 2008 bei Éditions ALTAL, Chambéry,
Frankreich erschienen.
Herausgegeben auf Vermittlung von Mon Agent et Compagnie,
6 rue Victor Hugo, Cambéry, Frankreich.

Aus dem Französischen übersetzt von
Barbara Buchwalter.

© 2013
AT Verlag, Aarau und München
Fotos: Sigrid Verbert
Lektorat und Gestaltung: AT Verlag
Druck und Bindearbeiten: AZ Druck und Datentechnik GmbH, Kempten

ISBN 978-3-03800-756-2

www.at-verlag.ch